LE
« MAGNÉTISME ANIMAL »

ÉTUDE CRITIQUE ET EXPÉRIMENTALE

SUR

L'HYPNOTISME

OU SOMMEIL NERVEUX

PROVOQUÉ CHEZ LES SUJETS SAINS
LÉTHARGIE, CATALEPSIE, SOMNAMBULISME, SUGGESTIONS, ETC.)

PAR LE

DR FERNAND BOTTEY

ANCIEN INTERNE DES HÔPITAUX DE PARIS ET DE LA SALPÊTRIÈRE

PARIS

LIBRAIRIE PLON

E. PLON, NOURRIT ET Cie, IMPRIMEURS-ÉDITEURS

RUE GARANCIÈRE, 10

—

1884

LE

« MAGNÉTISME . ANIMAL »

Ce volume a été déposé au ministère de l'intérieur (section de la librairie) en novembre 1884.

PARIS. TYPOGRAPHIE E. PLON, NOURRIT ET Cie, RUE GARANCIÈRE, 8.

A LA MÉMOIRE

DE

M. LÉON JOANY

AVANT-PROPOS

Il eût fallu beaucoup de hardiesse, il y a quelques années à peine, pour oser prononcer tout haut ce mot de magnétisme animal. C'est que, acceptée les yeux fermés par les uns, bannie à outrance par les autres, cette forme du prétendu merveilleux n'avait pas encore su être réduite à sa véritable valeur scientifique. Un fait, cependant, parce qu'il paraît extraordinaire, doit-il donc, pour cela, être à l'abri de l'esprit de critique et des recherches positives? La vraie science ne doit-elle pas être en quête de la vérité partout où celle-ci se trouve, même lorsqu'elle semble enveloppée dans un nuage de surnaturel?

Aujourd'hui, le mystérieux est mort, et avec lui le magnétisme animal, qui a cessé d'exister depuis que Braid, en 1843, a porté au mesmérisme et au fluidisme le coup décisif qui les a tués à jamais. Dès lors, à la vieille théorie surannée du « fluide magnétique » éma-

nant de la personne du magnétiseur pour se répandre
dans celle du sujet, s'est substituée la notion scientifique d'un état nerveux, physiologique, spécial, se
développant à la suite de certaines excitations de
nature variable; en un mot, à la prétention objective
du « magnétisme », a fait place la théorie purement
ment subjective de l'*hypnotisme*[1], et s'il fallait, par
une phrase, rendre l'idée de la doctrine nouvelle, on
pourrait dire que « le sujet s'endort, mais n'est pas
endormi ».

Les faits qui se rattachent à la description de
l'hypnotisme pourront paraître tellement extraordinaires à beaucoup d'esprits, que les doutes, nous en
sommes persuadé, ne manqueront pas sur leur véracité. Loin de nous la prétention chimérique de forcer
les lecteurs à croire *à priori* ce que nous rapportons;
mais cependant, lorsque nous aurons dit que tout ce
que nous signalons a été maintes fois reproduit par
nous devant un entourage tant médical qu'extra-
médical, — quand nous aurons montré que tous ces
faits, si extraordinaires qu'ils paraissent, peuvent être
scrupuleusement réduits à leur valeur scientifique,
car ils n'ont rien de commun avec les faits « de double

---

[1] Hypnotisme est un mot créé par Braid, et n'est lui-même
qu'une abréviation de neuro-hypnotisme (νεῦρον, nerf; ὕπνος,
sommeil), sommeil nerveux.

vue, de divination, de transmission de la pensée, de transposition des sens », et autres jongleries de la même espèce qui appartiennent au domaine du charlatanisme, — quand nous aurons, enfin, affirmé que chacun peut, en se plaçant dans les mêmes conditions que nous, reproduire les mêmes effets, — s'il se trouve encore des esprits assez incrédules pour pratiquer la négation à outrance, il ne nous restera plus qu'à répéter, avec le philosophe anglais Dugald Stewart, que « le scepticisme illimité est aussi bien enfant de l'imbécillité que la crédulité absolue ».

F. B.

LE
« MAGNÉTISME ANIMAL »

CHAPITRE PREMIER

APERÇU HISTORIQUE.

Les précurseurs de Mesmer : Pomponace, Ficin, Paracelse, Van Helmont : Fluide vital, fluide universel. — Antoine Mesmer. — Disciples de Mesmer : Deleuze, Puységur. — Le somnambulisme artificiel. — Le magnétisme animal avant Braid : Faria, Bertrand, Dupotet, Foissac, Berna. — James Braid et l'*hypnotisme*. — L'hypnotisme rentre dans une voie scientifique : Azam, Gigot-Suard, Follin et Broca, Liébault, Ch. Richet, etc. — Charcot étudie l'hypnotisme chez les hystériques (léthargie, catalepsie, somnambulisme). — Bérnheim. Suggestions hypnotiques. — Brémaud constate chez les sujets sains les mêmes phénomènes hypnotiques que chez les hystériques.

L'hypnotisme, dans ses effets, est aussi vieux que le monde. Aussi Mesmer n'avait-il rien inventé, lorsqu'il s'attribuait la découverte du prétendu magnétisme animal : bien d'autres avant lui avaient déjà édifié de nombreuses théories pour en expliquer les étranges phénomènes.

Sans parler de Pline, Galien, Arétée, dans les temps anciens, Pomponace disait, vers la fin du quinzième siècle, que « certains hommes ont des propriétés salutaires et puissantes, qui sont poussées au dehors par l'évaporation et produisent sur les corps qui les reçoivent des propriétés remarquables ».

Ficin disait également que « l'âme, étant affectée de désirs passionnés, pouvait agir non-seulement sur son propre corps, mais encore sur un corps voisin, surtout si ce dernier est le plus faible ».

Paracelse [1] admettait un *fluide vital* émané des corps célestes et mettant en communication les êtres entre eux, ainsi qu'une vertu attractive, par laquelle l'aimantation des personnes saines attirait l'aimantation des personnes malades. C'est cette vertu, semblable à celle de l'aimant, qu'il appelait « magnale », et qui constitua le magnétisme, nom qui désignait à la fois l'effet et la cause.

Paracelse laissa après lui de nombreux partisans de sa doctrine, parmi lesquels nous citerons Bartholin, Hanmann, Goclénius, Van Helmont ; ce dernier même se fait le champion de la médecine magnétique et prétend guérir toutes les plaies avec son « onguent magnétique ».

Puis viennent Robert Fludd (1638), le P. Kircher [2], Wirdig (1673), Maxwell, Grieatrakes, Gassner (1774), qui expliquent et pratiquent le magnétisme chacun à sa façon : les uns dirigeant le « fluide universel » à l'aide de *munies* (talismans, boites magiques, etc.), les autres

---

[1] *De peste.*
[2] *De arte magnetica.*

agissant directement par les passes et les attouche-
ments.

En 1878, Antoine Mesmer arrive à Paris, apportant
de Vienne sa nouvelle découverte, le « magnétisme
animal », « cette propriété du corps qui le rend susceptible de l'influence des corps célestes et de l'action
réciproque de ceux qui l'environnent [1] ».

Voici les moyens employés par le médecin viennois
pour déterminer l'état magnétique : « Les malades, rangés
en très-grand nombre autour du baquet, reçoivent à la
fois le magnétisme par ces moyens : par des barres de
fer qui leur transmettent celui du baquet; par la corde
enlacée autour du corps, et par l'union des pouces, qui
leur communiquent celui de leurs voisins; par le son
du piano-forte ou d'une voix agréable qui le répand
dans l'air. Les malades sont encore magnétisés directement au moyen du doigt et de la baguette de fer, pro-
menés devant le visage, dessus ou derrière la tête, et
sur les parties malades, toujours en observant la dis-
tinction des pôles. On agit sur eux par le regard et en
les fixant. Mais surtout ils sont magnétisés par l'application des mains et par la pression des doigts sur les
hypochondres et sur les régions du bas-ventre, application souvent continuée pendant longtemps, quelquefois plusieurs heures [2]. »

Tous ces procédés, nous pouvons le dire déjà, ne
sont pas autre chose que ceux dont on se sert aujour-

---

[1] MESMER, *Mémoire sur la découverte du magnétisme animal.*
[2] BAILLY, *Rapport de 1784.*

d'hui (fixation des yeux, pressions diverses, excitation de l'ouïe, suggestion, etc.), pour provoquer l'hypnotisme. Malheureusement, comme Mesmer avait surtout affaire à des malades, il se développait, autour de son baquet, plus de crises hystériformes que d'états somnambuliques.

Le mesmérisme fit des adeptes, dont les plus remarquables furent Deslon, le P. Hervier, Deleuze [1], le marquis de Puységur, qui fonda la société de l'Harmonie, une des plus célèbres sociétés de magnétisme. C'est à Puységur, même, que l'on doit la véritable découverte du somnambulisme artificiel, dont il faisait un état « électro-magnétique humain [2] ».

Le magnétisme animal continue à passionner les esprits. De 1815 à 1837, l'abbé Faria [3], Virey, A. Bertrand, Noizet, le baron Dupotet, Robouam, Georget, Foissac, Berna, émeuvent non-seulement le public, mais encore le monde officiel; plusieurs commissions académiques sont nommées, plusieurs rapports, tant affirmatifs que négatifs, sont rédigés, jusqu'à ce que, enfin, l'Académie de médecine décide que, désormais, aucune réponse ne sera faite aux communications sur le magnétisme animal : conclusion radicale montrant qu'il s'est passé là ce qui arrive trop souvent, toutes les fois que, dans les questions obscures, on ne sait pas

---

[1] *Histoire critique du magnétisme animal*, 1813.

[2] Déjà, en 1787, le docteur Pététin, de Lyon, avait découvert un cas de catalepsie artificielle provoquée par le magnétisme animal.

[3] *De la cause du sommeil lucide*, 1819.

dégager la vérité de l'élément supernaturel et mystique qui semble l'entourer.

C'est à James Braid [1], chirurgien de Manchester, que revient le mérite d'avoir, en 1843, détruit de fond en comble l'édifice mesmérien, en fondant la théorie de l'*hypnotisme*. Déjà Faria et A. Bertrand [2] avaient été les précurseurs de Braid, en soupçonnant l'action exercée sur eux-mêmes par les sujets hypnotisés ; mais celui-ci, en démontrant que la fixation plus ou moins prolongée d'un objet quelconque pouvait déterminer l'hypnotisme, en dehors de l'influence d'aucune personne étrangère, a parfaitement établi la subjectivité de l'état nerveux provoqué, et ruiné à jamais la vieille théorie fluidique du « magnétisme animal [3] ».

C'est également Braid qui a découvert l'influence du geste et de l'attitude sur la physionomie, et qui a ainsi créé une des variétés de la suggestion hypnotique.

Alors surgirent de nouvelles doctrines, celle de l'électro-biologie de Grimes (1848) et celle de l'électro-dynamisme vital du docteur Philipps (1855) pour chercher à expliquer le mécanisme de production de l'état hypnotique, ce que Braid n'avait pas essayé d'approfondir ; et en cela, croyons-nous, il avait été fort sage.

---

[1] *Traité du sommeil nerveux ou hypnotisme*. Traduit de l'anglais, par le docteur Jules SIMON, 1883.

[2] *Traité du somnambulisme*, 1823.

[3] Le seul reproche qu'on puisse adresser à Braid est d'avoir voulu faire servir sa découverte à la consécration des doctrines phrénologiques de Gall.

Depuis Braid jusqu'à maintenant, l'hypnotisme, entré désormais dans une voie positive, a reçu une consécration complète entre les mains des nombreuses personnalités scientifiques qui l'ont étudié. Nous citerons Azam (de Bordeaux), Demarquay et Giraud-Teulon [1], Gigot-Suard [2], Follin et Broca [3], Verneuil, Lasègue, Guérineau (de Poitiers [4]), Liébeault (de Nancy [5]), Ch. Richet [6], Dumontpallier, Ladame [7].

C'est à Charcot [8] que l'on doit d'avoir, en 1878, bien établi, chez les hystériques, les différentes phases de l'hypnotisme provoqué (léthargie, catalepsie, somnambulisme). Ses idées sont reproduites dans le livre d'un de ses élèves, M. le Dr P. Richer [9].

Signalons encore les noms, en Allemagne, de Berger, Heidenhain [10], Grützner, Veinhold, etc., qui furent appelés à pratiquer des recherches expérimentales sur l'hypnotisme, à la suite du bruit qui se fit autour du nom d'un magnétiseur célèbre, le Danois Hansen. L'émoi causé

---

[1] *Recherches sur l'hypnotisme ou sommeil nerveux*, 1860.

[2] *Les mystères du magnétisme animal et de la magie dévoilés, ou La vérité démontrée par l'hypnotisme*, 1860.

[3] Incision d'un abcès à l'anus pendant l'anesthésie hypnotique. *Communication à l'Académie des sciences*, 1859.

[4] Amputation de cuisse pratiquée pendant l'anesthésie hypnotique. *Gazette des hôpitaux*, 1859.

[5] *Du sommeil et des états analogues, considérés surtout au point de vue de l'action du moral sur le physique*, 1866.

[6] *Étude sur le somnambulisme provoqué. Journal de l'anatomie*, etc., 1875. *Revue philosophique*, 1880. — Mars 1883.

[7] *La Névrose hypnotique*, 1881.

[8] *Comptes rendus à l'Académie des sciences*, 1882.

[9] *Étude clinique sur l'hystéro-épilepsie*, 1881.

[10] *Der sogen. thier. Magnet.*, etc., Leipzig, 1880. — BERGER, *Hypnot., Zustände*, 1880.

par celui-ci fut considérable, si l'on en juge par l'article suivant emprunté à la *Revue scientifique* du 1ᵉʳ juin 1880 :

« A la fin de l'année 1879, la ville de Breslau était mise en émoi par des séances magnétiques où le merveilleux se donnait pleine carrière. Le magicien opérait, non sur un *médium* spécial, qu'on aurait pu accuser d'être dupe ou complice, mais sur ceux des assistants qui voulaient bien se prêter aux expériences. Le pouvoir que le prestidigitateur exerçait sur les personnes qui se soumettaient à ses passes était prodigieux. Ceux qui étaient le moins prédisposés à subir l'empire désordonné de l'imagination ne tardaient pas, au bout de trois ou quatre minutes, à devenir sous le regard et au contact du magnétiseur une sorte de jouet, d'automate. Plongés dans une indicible torpeur, sourds à toute autre voix que la sienne, ils exécutaient ses ordres avec une précision rigoureuse, emboîtant le pas derrière lui, marchant à reculons, prenant les positions les plus absurdes, les plus fatigantes. A côté de la souplesse qui leur disloquait en apparence les membres, ces mêmes personnes tombaient, sur un signe du dominateur, dans une rigidité musculaire telle, que le corps tendu dans le vide, la tête et les pieds à peine supportés, elles soutenaient sans fléchir le poids du magnétiseur, qui pouvait se tenir debout sur cette masse de chair immobilisée.

« Ce qui augmentait l'étonnement des gens sensés et l'étonnement des spirites, c'est que Hansen, au lieu de rechercher les sujets pâles, maladifs, que leur susceptibilité nerveuse devait rendre plus aptes à subir l'influence du *fluide magnétique,* s'adressait de préférence aux individus robustes, jouissant d'une santé florissante.

« Des médecins, des savants se soumirent à l'épreuve; elle fut triomphante pour le magnétiseur. A son contact, sous son regard, ils devenaient comme de cire ou de fer, suivant son commandement, n'ayant d'autre vouloir que le sien. C'est alors que, pour mettre fin au courant de superstition qui menaçait d'entraîner la société de Breslau vers les croyances d'un autre âge, le docteur Heidenhain, professeur de physiologie et d recteur de l'Institut physiologique de Breslau, cédant aux instances des amis de la science, fit une conférence sur le prétendu magnétisme animal. Il essaya d'expli quer physiologiquement les effets étranges obtenus par le magnétiseur; il répéta les mêmes expériences, en ajouta de nouvelles et démontra expérimentalement qu'on pouvait obtenir le même résultat par la vue ou la présence d'objets inanimés. »

Tout récemment, enfin, la question vient d'être remise à l'ordre du jour par M. Bernheim, professeur à la Faculté de médecine de Nancy, et par M. le docteur P. Brémaud, chirurgien de la marine. Le premier[1] de ces observateurs s'est surtout occupé des suggestions de toute nature que l'on peut déterminer pendant le somnambulisme, avec persistance à l'état de veille; on

---

[1] BERNHEIM, *De la suggestion dans l'état hypnotique et dans l'état de veille,* 1884.

trouve également dans le travail de ce médecin un chapitre relatif aux suggestions provoquées dans l'état de veille. Ses expériences ont porté sur des sujets des deux sexes et de tout tempérament.

M. Brémaud [1], qui a surtout expérimenté sur des sujets sains, a reproduit chez un grand nombre, ainsi que nous le faisons nous-même, des états absolument identiques (catalepsie, léthargie), avec ceux que l'on provoque chez les hystériques. De plus, cet observateur a décrit une phase nouvelle, la *fascination,* qu'il n'a pu provoquer que chez les hommes.

[1] *Bulletin du Cercle historique*, 1884, n° 1. — *Société de biologie,* janvier, mars, avril 1884.

CHAPITRE II

CONSIDÉRATIONS GÉNÉRALES SUR L'HYPNOTISME PROVOQUÉ SUR LES SUJETS SAINS.

Nombre considérable de personnes pouvant être hypnotisées — Les maladies mentales sont un obstacle à l'hypnotisation. — D'autres causes, au contraire, la favorisent : hystérie, épilepsie, anémie, alcoolisme, excès vénériens. — Le sexe féminin y est particulièrement prédisposé. — Statistique personnelle de 30 pour 100, chez des femmes absolument saines. — Beaucoup d'hommes peuvent être endormis. — Procédés pour produire l'hypnotisme. — Fixation des yeux ou d'un objet quelcónque; occlusion des paupières avec légère pression des globes oculaires. — Invasion brusque ou lente de l'hypnose. — Trois états principaux : léthargie, catalepsie, somnambulisme. Ne se rencontrent pas tous chez le même sujet.

Le nombre des personnes susceptibles d'être hypnotisées est considérable, car si l'on consulte certaine statistique (Liébeault, *in* Bernheim, *loc. cit.*), on arrive à ce chiffre énorme de 95 pour 100 : il faut dire toutefois que le tableau auquel correspond cette proportion, assurément exagérée, comprend des sujets de tout âge, de tout sexe et de tout tempérament.

Il est, en effet, un grand nombre de causes qui modifient singulièrement l'aptitude propre de chacun à subir l'influence des procédés hypnogènes.

Certains malades atteints d'affections cérébrales, telles que l'aliénation mentale sous ses différentes formes, la paralysie générale progressive, l'hypochondrie, ne peuvent être hypnotisés par suite de l'état d'excitation dans lequel ils se trouvent, et qui rend impossible, chez eux, une concentration suffisante du cerveau.

Beaucoup d'autres maladies, au contraire, surtout celles qui amènent une modification dans le fonctionnement dynamique du système nerveux, sont des causes favorables à la production du sommeil hypnotique. Nous citerons en première ligne l'hystérie[1] et les affections hystériformes, l'épilepsie, la chlorose, les anémies de diverse nature (affections du cœur, des reins, etc.), l'alcoolisme, l'énervement qui suit les excès vénériens (Brémaud).

Le sexe féminin est particulièrement prédisposé à subir l'influence de l'hypnotisation, ce qui se conçoit aisément, étant donnée l'organisation spéciale de la femme, « cette partie sensible de l'humanité », suivant l'heureuse expression d'Halle. Aussi, en ne tenant compte d'aucune question de tempérament ni d'état de santé antérieur, peut-on dire que presque toutes les femmes sont hypnotisables, pendant l'adolescence et l'âge adulte ; Braid en a même endormi plusieurs de quarante-cinq à soixante-huit ans.

Chez les sujets absolument sains, et ce sont uniquement ceux-là qui ont fait l'objet de nos recherches

---

[1] Chez les hystériques, la production de l'hypnotisme est la règle ; bien peu y sont réfractaires.

expérimentales, le nombre est évidemment beaucoup moins considérable ; malgré cela, si nous nous en tenons à la statistique que nous avons établie nous-même, nous arrivons à la proportion de 30 pour 100, chez des femmes ayant de dix-sept à quarante-deux ans[1]. Par la désignation de sujets sains, disons tout de suite que nous entendons des sujets ne présentant aucun état morbide appréciable, et surtout n'ayant jamais eu d'affections nerveuses dans leurs antécédents soit personnels, soit héréditaires ; n'ayant jamais eu de crises hystériformes et ne présentant aucun trouble, ni du côté de la sensibilité sensitivo-sensorielle, ni du côté de la motricité ; des sujets, en un mot, chez lesquels il n'existe aucun symptôme d'état névropathique, soit organique, soit dynamique.

Pour ce qui est de la prédisposition du sexe masculin au sommeil hypnotique provoqué, nous manquons personnellement de faits assez nombreux pour pouvoir établir une statistique. Mais on peut affirmer, en s'en rapportant aux expériences de Liébeault, d'Heidenhain, de Bernheim, de Ch. Richet et de Brémaud, qu'un très-grand nombre d'hommes, parfaitement sains, sont facilement hypnotisables.

Les enfants sont également influencés par le som-

---

[1] Il ne faudrait pas, cependant, considérer cette statistique comme l'expression absolue de la réalité : elle est nécessairement exagérée, car il faut tenir compte de l'esprit d'imitation et de l'entrainement produits par l'expérimentation en commun, ce qui ne saurait exister si l'on opérait d'une façon absolument isolée.

meil nerveux, mais nous pensons, avec M. Ch. Richet, qu'il n'est peut-être pas prudent de se livrer sur eux à des manœuvres d'hypnotisation : l'état d'évolution constante dans lequel se trouvent tous leurs organes, et en particulier leur système nerveux, pourrait souffrir des modifications imprimées ainsi au fonctionnement normal de l'organe cérébral.

D'après M. Okorowitz (Société de biologie, mai 1884), l'aimant serait un bon révélateur des phénomènes d'hypnose : plus un individu est sensible à l'action de l'aimant, plus l'hypnose sera facile à provoquer chez lui. Cette assertion nous semble exagérée : sans vouloir refuser un rapport entre la sensibilité hypnotique et la sensibilité magnétique, nous avons eu l'occasion d'observer quelques sujets absolument réfractaires à des tentatives, maintes fois répétées, d'hypnotisation, et chez lesquels, cependant, on déterminait avec l'aimant des phénomènes de transfert de paralysie et d'anesthésie [1].

Les procédés pour produire l'hypnotisme sont nombreux, comme nous le verrons plus loin ; aussi est-il bon, lorsqu'on cherche pour la première fois à le provoquer, de s'en tenir à l'un des deux moyens suivants : 1° la fixation des yeux ou d'un objet quelconque, sur-

---

[1] Il est, du reste, absolument difficile de dire à priori si telle ou telle personne est hypnotisable ou non. On est, à ce sujet, très-souvent trompé : telle femme, nerveuse, irritable, qui semblerait devoir dormir tout de suite, peut être plus ou moins rebelle aux tentatives d'hypnose ; telle autre, au contraire, molle, lymphatique, s'endort avec la plus grande facilité.

tout d'un objet brillant, en ayant soin, dans ce cas, d'élever l'objet un peu au-dessus du plan des yeux du sujet, de façon à amener plus rapidement un état de fatigue oculaire, par suite du léger strabisme supérieur et convergent que l'on détermine ainsi ; 2º l'occlusion des paupières, qui sera pratiquée de la façon suivante : le sujet étant assis dans un fauteuil, l'expérimentateur lui maintiendra les yeux fermés avec le pouce et l'index, pendant le temps nécessaire à l'hypnotisation, en même temps qu'il accompagnera cette obturation des yeux d'une légère pression des globes oculaires ; en prenant comme point d'appui, avec la face palmaire de la main qui opère, la partie supérieure du front du sujet, il pourra continuer cette occlusion sans fatigue, aussi longtemps qu'il le faudra. A l'un ou à l'autre de ces deux procédés, on associera, si l'on veut, une pression plus ou moins forte, faite avec le pouce ou plusieurs doigts au niveau du front ou du sommet de la tête.

Le silence est une condition, sinon indispensable, du moins très-favorable, et le sujet devra, de plus, pour faciliter l'expérience, être absolument consentant, et se mettre dans un état complet de calme cérébral.

Le temps nécessaire pour arriver à l'un des états hypnotiques est très-variable. Lorsque les sujets ont été entraînés par plusieurs expériences précédentes, la somniation se produit d'une façon presque instantanée; lorsque, au contraire, on a affaire à une première manœuvre d'hypnotisation, le temps varie entre trois et vingt minutes, quelquefois davantage : dans le cas où le sommeil nerveux met longtemps à s'établir, il vaut mieux ne pas s'obstiner à poursuivre l'expérience, et la recommencer plus tard dans une seconde et même une troisième séance. Dès lors, une fois obtenu, l'hypnotisme sera produit avec rapidité dans les expériences suivantes.

Dans la plupart des cas, il est très-difficile de saisir le passage de l'état de veille à l'état hypnotique : il semble que l'invasion du sommeil se fasse d'une façon brusque, après un temps variable pendant lequel agissent les procédés employés [1]. Mais dans quelques circonstances, cependant, et surtout chez les personnes qui sont assez longues à hypnotiser, la somniation peut être précédée d'un état de lourdeur et d'engourdissement qui fait que, dans ces cas, le sujet sent pour ainsi dire lui-même les progrès du processus hypnogène qui l'envahit : plongé en quelque sorte dans un état intermédiaire [2] entre l'état de veille et l'état hypno-

---

[1] Si l'on procède par la fixation des yeux ou d'un objet quelconque, on peut voir quelquefois les paupières du sujet clignoter, les globes oculaires se convulser en haut de temps à autre et d'une façon temporaire, jusqu'à ce que l'occlusion des yeux devienne définitive, une fois le sommeil établi.

On peut constater également des mouvements alternatifs de rétrécissement et de dilatation de la pupille qui précèdent l'établissement de la phase hypnotique complète, et qui sont un indice presque certain que le sujet est facilement hypnotisable. Les « magnétiseurs » connaissent bien ce signe, qui leur permet de choisir ou d'éliminer, dès le début, les sujets de bonne volonté qui se prêtent à leurs exhibitions théâtrales.

[2] Cet état, qui précède, dans quelque cas, le sommeil hypnotique, correspond à la léthargie lucide de Chambard (*Étude sur le somnambulisme*, 1880), aux trois premiers degrés du somnambulisme de Liébeault, à l'*état de charme* des « magnétiseurs ».

tique complet, il ne peut, malgré tous ses efforts, ouvrir les yeux, ses paupières étant comme contracturées ; la sensibilité cutanée est conservée, mais on note un certain degré d'hyperexcitabilité neuro-musculaire (v. ce mot, chap. Léthargie); la notion du monde extérieur est incomplète, et l'on peut déterminer quelquefois, par simple affirmation, des hallucinations et certaines suggestions (paralysies, anesthésies, mouvements automatiques, etc.). On fait cesser cet état en soufflant légèrement sur les yeux ; le sujet se rappelle alors, plus ou moins complétement, ce qui s'est passé pendant cette phase de demi-sommeil [1].

L'hypnotisme, ou sommeil nerveux, une fois obtenu, se présente suivant trois états différents : la *léthargie,* constituée par un assoupissement profond, avec perte de l'usage des sens; la *catalepsie,* caractérisée par cette propriété singulière inhérente au système musculaire de conserver indéfiniment l'attitude donnée, et par un état d'automatisme parfait; le *somnambulisme,* caractérisé, comme la catalepsie, par la perte de l'activité cérébrale consciente et par l'exagération de certaines fonctions cérébrales. A ces trois états bien définis, comme nous le verrons, parfaitement cadrés, nous en ajouterons un quatrième, l'*état de fascination* de M. le docteur Brémaud, qui, par ses caractères bien tranchés, mérite une description spéciale.

Relativement à la manifestation des états hypno-

---

[1] Il existe quelques sujets, chez lesquels on ne peut déterminer que cet état préhypnotique.

tiques chez les personnes saines, on peut diviser ces dernières en trois groupes. Dans un premier groupe, qui comprend le quart environ des sujets hypnotisables, on rencontre chez le même sujet les trois phases que nous venons de signaler (léthargie, catalepsie, somnambulisme, [1] dans un second, et c'est le plus nombreux, on ne rencontre que la léthargie et le somnambulisme; dans un troisième groupe, enfin, on ne note que le somnambulisme. Nous devons dire, toutefois, qu'il n'y a rien d'absolu dans ce groupement, car on peut quelquefois, en mutipliant les expériences chez un même sujet, en lui faisant subir une sorte d'entrainement, produire chez lui un état nouveau (léthargie ou catalepsie), qu'on n'avait pu déterminer jusqu'alors. Quant à la léthargie, nous ne l'avons jamais constatée comme état unique : nous verrons plus loin la raison de ce fait.

---

[1] Nous désignerons désormais les sujets qui composent ce premier groupe sous le nom de sujets *catalepsiables;* car la catalepsie leur imprime certaines particularités qui se retrouvent dans les autres phases de leur sommeil (léthargie et somnambulisme), ce qui justifie, comme on s'en rendra compte, la division que nous établissons en ce moment.

CHAPITRE III

LÉTHARGIE.

(De λήθη, engourdissement, et ἀργία oubli.)

Procédés pour l'obtenir, soit primitivement, soit secondairement. — Description. — Résolution complète; insensibilité
aux excitations extérieures. — Contractures provoquées par
excitation mécanique des muscles et des nerfs (hyperexcitabilité neuro-musculaire). — Contractures provoquées par
excitation superficielle de la peau, chez les sujets catalepsiables. — Cessation de la léthargie. — Retour à l'état de veille
ou passage à un autre état (catalepsie, somnambulisme).

La léthargie peut être obtenue, comme état primitif [1],
par la fixation des yeux ou d'un objet quelconque,
surtout d'un objet brillant, une cuiller, par exemple.

Par l'occlusion des paupières, accompagnée d'une
pression très-légère des globes oculaires.

Par la pression, avec un ou plusieurs doigts, sur la
partie supérieure de la tête ou du vertex; ce moyen
pourra, du reste, être combiné avec les précédents [2].

[1] Cet état, toutefois, n'est réellement primitif, dans le sens
absolu du mot, que chez les sujets qui ne peuvent être mis en
catalepsie. Ce dernier état, en effet, chez les sujets catalepsiables,
précède toujours la léthargie, même quand il passe inaperçu.
(V. Catalepsie.)

[2] Les prétendues passes, la pression des pouces, fort employées

Par un bruit soudain et plus ou moins intense (gong chinois, cymbales); par une lumière vive (lampe au magnésium, lumière électrique) [1].

Par la simple suggestion (v. p. 132).

Inutile d'ajouter que les sujets peuvent s'hypnotiser eux-mêmes, soit en fixant leur doigt ou un objet quelconque, soit en frappant sur un gong, etc.

On peut provoquer la léthargie secondairement à la catalepsie, et cela par plusieurs procédés : en pratiquant l'occlusion des paupières; en soufflant *légèrement* [2] sur les yeux; en exerçant un frottement ou une légère friction au niveau du sommet de la tête [3].

La léthargie peut également être provoquée consécutivement au somnambulisme par le réflexe du vertex ; par une pression légère des globes oculaires, dans le

par les « magnétiseurs » pour le passage du prétendu fluide, ne sont autre chose que des mouvements de frottement ou de pression agissant par le même mécanisme que la pression sur le vertex, sans parler de l'action de la suggestion, conséquence inévitable de ces passes. (V. Sommeil par suggestion.)

[1] Quand les sujets sont suffisamment entraînés par une série d'hypnotisations antérieures, il suffit quelquefois d'une intensité extrêmement faible : Heidenhain a pu hypnotiser trois étudiants en médecine par le tic tac d'une montre.

[2] Nous insistons sur le peu d'intensité du souffle qu'il faut développer, pour transformer la catalepsie en léthargie : un souffle fort, en effet, déterminerait, non pas un changement d'état, mais le réveil. Nous dirons du reste, une fois pour toutes, que ce procédé du souffle sur les yeux devra être employé avec des nuances qui varieront suivant chaque état hypnotique, et que nous aurons bien soin de spécifier.

[3] Comme nous aurons souvent l'occasion de reparler de ce procédé (friction avec un ou deux doigts sur le sommet de la tête), nous le désignerons désormais, par abréviation, sous la dénomination de *réflexe du vertex*, son action se produisant, en effet, par une véritable action réflexe.

cas de somnambulisme yeux fermés; par l'occlusion prolongée [1] des paupières, dans le cas de somnambulisme yeux ouverts; enfin par un souffle *léger* sur les yeux.

Le sujet en léthargie est dans la résolution complète; la tête est inclinée sur une des épaules, les membres sont absolument flasques et retombent inertes lorsqu'on les soulève. Dans quelques cas, cependant, la tonicité musculaire n'est pas entièrement abolie [2].

Les yeux sont complétement fermés, et habituellement les paupières sont agitées d'un frémissement léger et continuel, en même temps que les globes oculaires sont convulsés en haut : ce frémissement, toutefois, est loin d'être constant [3].

La peau est insensible aux excitations; on peut piquer le sujet sans qu'il manifeste aucun signe de douleur. Cette anesthésie est constante, et si certains observateurs ne l'ont pas constatée dans quelques cas, c'est qu'ils avaient affaire au somnambulisme yeux fermés, à forme léthargoïde, mais non à la léthargie vraie. Les sens spéciaux sont également insensibles; on peut

---

[1] L'occlusion temporaire instantanée n'aurait pour résultat que de transformer l'état de somnambulisme yeux ouverts en celui de somnambulisme yeux fermés. Pour obtenir la léthargie, il faut prolonger l'occlusion quelques secondes de plus.

[2] Quelquefois le sujet ronfle, comme dans le sommeil physiologique.

[3] Ce frémissement continuel est une conséquence de la convulsion en haut du globe de l'œil. Il est facile de s'en rendre compte sur soi-même : en portant le globe oculaire en haut, et en abaissant en même temps la paupière supérieure, on constate très-nettement la production de ce clignotement.

parler fortement aux oreilles du sujet sans le faire
sortir de son état léthargique [1].

Un phénomène très-curieux est la propriété qu'ont
les muscles de se contracter lorsqu'on détermine soit
sur eux, soit sur leurs tendons, soit enfin sur les troncs
nerveux qui les animent, une excitation mécanique plus
ou moins forte. Cette propriété correspond à ce que
M. Charcot [2] a décrit le premier, chez les hystériques
hypnotiques, sous le nom d'hyperexcitabilité neuro-
musculaire. Nous avons constamment rencontré ces
contractures (à part un seul cas) chez tous nos sujets
sains en léthargie.

Pour les provoquer, il suffit de malaxer profondément, pour voir aussitôt celles-ci entrer en contraction
permanente. On arrive au même résultat en frappant
avec un percuteur quelconque les tendons superficiels :
aussitôt les muscles correspondants se contracturent.
Enfin, en comprimant fortement avec un doigt ou un
objet dur un tronc nerveux saisissable, on provoque
également des contractions musculaires dans la sphère
d'innervation de ce nerf.

[1] Plusieurs auteurs (Braid, Tamburini, Heidenhain) ont signalé
une accélération des battements du cœur et des mouvements
respiratoires pendant l'état hypnotique. Nous n'avons jamais
rien constaté de semblable chez nos sujets sains; dans la catalepsie, toutefois, la respiration semble moins régulière et plus
faible qu'à l'état normal. Dans quelques cas, pendant la période
hypnotique, le sujet présente une légère rougeur de la face, qui
peut persister quelques instants après le réveil; mais jamais
nous n'avons constaté de congestion céphalique : dans deux cas,
nous avons noté un léger saignement de nez après les deux
premières expériences, et qui n'a pas persisté dans la suite.

[2] *Comptes rendus de l'Académie des sciences*, 1882.

Si, par exemple, on malaxe le muscle biceps, l'avant-
bras se mettra dans une flexion permanente sur le
bras ; si l'on excite les muscles antérieurs de l'avant-
bras, les doigts se fléchiront en griffe et la main se
fléchira sur le poignet. Si l'on percute les tendons fléchisseurs, très-apparents au niveau de la partie antérieure du poignet, on aura le même résultat.

Si l'on comprime fortement avec un doigt, dans la
gouttière rétro-épitrochléenne (à la face interne et
postérieure du coude), le nerf cubital qui y passe, on
verra la main se contracturer en dedans, dans l'adduction, en même temps que se fléchiront les deux derniers
doigts (annulaire et petit doigt) : ce phénomène, qui
est le résultat de la contraction des muscles innervés
par le nerf cubital, écarte, par sa précision anatomique
même, tout soupçon de supercherie.

On peut pratiquer des expériences analogues sur
tous les muscles et les nerfs de l'économie qui sont
dissociables : toujours on aura les mêmes résultats.
Nous devons cependant dire que nous n'avons jamais
pu, chez nos sujets sains, déterminer de contractions
des muscles de la face.

Ces contractions peuvent être également provoquées
par un autre procédé, quoique rentrant toujours dans
ces mêmes cas d'hyperexcitabilité neuro-musculaire.
Si, par exemple, on relève brusquement le bras, celui-ci
restera contracturé, en faisant un angle droit avec le
tronc ; en répétant cette opération du côté opposé, le
sujet sera dans l'attitude du crucifiement. Si l'on fléchit

brusquement l'avant-bras sur le bras, le membre restera en contracture dans cette situation de flexion. En un mot, une position quelconque d'un membre, provoquée par un mouvement brusque, sera aussitôt fixée en contracture permanente [1].

Ces contractions correspondent à ce que M. Westphal a désigné sous le nom de *contracture paradoxale*. Il semble, en effet, étrange de voir un muscle se contracturer (comme le fait, par exemple, le biceps, si l'on fléchit brusquement le bras), alors que, par le mouvement provoqué, on le met dans un relâchement complet : ce phénomène s'explique cependant, pour l'auteur que nous citons, par ce fait que les muscles, mis brusquement en relâchement, sont par cela même excités, et réagissent d'une façon réflexe, en se contracturant *in situ*.

Les contractions par excitation neuro-musculaire sont permanentes et résistent absolument aux efforts que l'on fait pour les rompre : il faut, pour les réduire, exciter les muscles antagonistes, les extenseurs, par exemple, si la contracture porte sur les fléchisseurs, et *vice versa,* ou simplement faire de petits mouvements de malaxation et de tapotement sur les muscles contracturés ; il est même remarquable de voir la contracture céder à ces légères excitations, alors que les efforts les plus intenses ne peuvent en venir à bout.

[1] En soulevant le sujet par les épaules, et en imprimant une brusque secousse à son corps, on déterminera une contracture des muscles du cou et du tronc, et une sorte de rigidité tétanique généralisée.

Les contractures par excitation mécanique du muscle, provoquées pendant la léthargie, sont susceptibles du transfert : si l'on met un aimant à côté du membre opposé, non contracturé, on voit au bout d'un temps variable, relativement court, la contracture s'emparer de ce membre et disparaître, au contraire, du côté du membre primitivement atteint. Ce phénomène du transfert ne se rencontre pas dans les contractures par excitation superficielle de la peau, dont nous parlerons plus loin.

MM. Brissaud et Ch. Richet ont démontré (*Progrès médical,* 1880) que, si l'on détermine, pendant la léthargie, l'anémie dans un membre, à l'aide de la bande d'Esmarch, la malaxation des muscles ne détermine plus, dès lors, aucune contracture dans ce membre. Mais aussitôt que l'on enlève la bande en caoutchouc, et que le sang, par conséquent, revient peu à peu dans les vaisseaux, les effets de l'excitation mécanique de tout à l'heure, qui sommeillait et était restée pour ainsi dire latente, se font alors sentir, et la contracture s'établit progressivement dans les muscles précédemment malaxés.

MM. Charcot et P. Richer, reprenant cette expérience (*Progrès médical,* 1881), ont montré que l'excitation mécanique latente d'un muscle ou d'un nerf était susceptible du phénomène du transfert. Après avoir anémié un bras, le droit par exemple, à l'aide de la bande d'Esmarch, pendant l'état léthargique, on excite le nerf cubital au niveau de la gouttière rétro-épitro

chléenne : par suite de l'anémie du membre, aucune
contracture ne se produit dans la sphère d'innervation
de ce nerf. Mais si l'on applique un aimant à côté du
membre opposé, on voit aussitôt la contracture *latente*
du bras anémié être transférée à gauche et se manifester sous forme d'une griffe cubitale (flexion des deux
derniers doigts et adduction de la main) : l'excitation
mécanique, portée primitivement sur le nerf cubital du
bras droit, n'avait pu déterminer de contracture par
suite de l'état d'ischémie de ce membre, mais néanmoins s'était emmagasinée et avait pu être transportée à gauche par le transfert, en provoquant de
ce côté une contracture, grâce à la circulation normale
du membre.

On pourrait penser que le mécanisme de ces contractures est dû à une excitation locale et directe du
muscle, du tendon ou du nerf, qui, en vertu de l'hyperexcitabilité très-intense dont le système neuro-musculaire est le siége pendant l'état hypnotique, réagi-
raient sur place sous l'influence du moindre excitant
mécanique. Cependant MM. Charcot et P. Richer, qui
ont étudié le mécanisme de ces contractures chez les
hystériques hypnotiques (*Archives de neurologie,* 1881),
ont démontré, et nous nous rangeons absolument à
leur avis, qu'il s'agissait là d'une action réflexe, dont la
voie centripète partirait des nerfs musculaires ou tendineux.

A côté de ces contractures que nous venons de
décrire, et qui tiennent à l'hyperexcitabilité neuro-

musculaire, il en est d'autres, d'un ordre tout différent,
qui peuvent se produire lorsqu'on excite très-superfi-
ciellement la peau : nous les appellerons contractures
musculaires par excitation superficielle de la peau. On
les rencontre dans la léthargie, mais seulement chez
les sujets qui sont catalepsiables : il semble que l'état
cataleptique soit indispensable pour leur production
primordiale et pour leur donner ensuite droit de
domicile dans les autres états hypnotiques (léthargie,
somnambulisme). C'est pourquoi nous réservons pour
plus tard la description de cette variété de contractures.
(V. Catalepsie.)

Toutes ces contractures, quelle que soit leur origine,
persistent généralement lorsque la léthargie fait place
à un autre état nerveux (catalepsie, somnambulisme).
Mais elles disparaissent d'elles-mêmes avec le réveil.
Nous n'avons jamais observé, chez nos sujets sains, de
contractures persistant à l'état de veille [1], comme cela
est fréquent chez les hystériques hypnotiques.

Pour terminer ce qui a trait aux contractures provoquées pendant la léthargie, nous dirons que dans
quelques cas, assez rares du reste, on peut, chez des
sujets catalepsiables, produire des contactures hémi-
latérales : c'est ainsi qu'en soufflant fortement dans une
oreille ou en chatouillant une des narines, on pourra

---

[1] Il n'y a d'exception que pour les contractures provoquées par
suggestion pendant le somnambulisme, et que l'on peut faire
persister après le réveil pendant un temps quelquefois très-
long; mais cette variété est en ce moment complétement en
dehors de notre sujet, et nous y reviendrons en temps et lieu.

provoquer une contracture unilatérale des membres du côté correspondant. Une nouvelle excitation de même nature détruirait cette contracture.

Enfin, dans la léthargie, on peut, comme Erb l'a démontré l'un des premiers, déterminer quelques mouvements des membres d'un côté du corps, en faisant passer un courant galvanique sur une moitié du crâne du côté opposé.

La léthargie peut cesser par le retour à l'état de veille, que l'on obtient en souffrant *très-légèrement* sur les yeux [1] et dans quelques cas en ouvrant simplement les paupières du sujet. Le réveil s'accompagne d'un oubli complet de tout ce qui s'est passé pendant le sommeil léthargique : cette perte de la mémoire est, du reste, une règle constante, après le réveil, quel que soit l'état hypnotique qui l'ait précédé.

Le passage à l'état de veille, qu'il soit consécutif à la léthargie, à la catalepsie ou au somnambulisme, se fait généralement d'une façon brusque ; quelquefois cependant le sujet cligne légèrement des paupières pendant quelques secondes, se frotte les yeux, avant de bien se rendre compte qu'il est réveillé. Jamais on n'observe aucune obnubilation cérébrale, ni aucune lourdeur de la tête, persistant après le réveil [2].

---

[1] D'une façon générale, chaque fois que l'on voudra souffler sur les yeux du sujet, il sera préférable, pour agir plus activement, de relever les paupières et de souffler directement sur les globes oculaires ainsi mis à découvert.

[2] Le réveil pourrait également être produit par un bruit plus

La léthargie peut faire place à un autre état nerveux. Chez les sujets catalepsiables, le relèvement des paupières dans un endroit éclairé produit la catalepsie. Le reflexe du vertex produit le somnambulisme yeux fermés, quelquefois le somnambulisme yeux ouverts. Dans quelques cas un souffle trop intense sur les globes oculaires pourrait également provoquer le somnambulisme.

ou moins intense, en frappant le sujet sur le bras ou la jambe (Braid), en frottant les paupières par l'aspersion de quelques gouttes d'eau froide.

CHAPITRE IV

CATALEPSIE. (De καταλαμβάνειν, surprendre.)

§ 1. — *Catalepsie.*

Procédés pour l'obtenir, soit primitivement, soit secondairement. — Toujours phénomène initial de l'hypnotisme, chez
les sujets catalepsiables, même quand il passe inaperçu. —
Description. — Les membres gardent la position qu'on leur
donne. — Insensibilité cutanée. — Persistance des sens spéciaux. — Contractures musculaires des deux ordres. — Suggestions diverses. — Hémicatalepsie. — Cessation par le
retour à l'état de veille ou par le passage à d'autres états
(léthargie, somnambulisme).

Chez tous les sujets qui passent par toutes les phases
de l'hypnotisme (catalepsie, léthargie, somnambulisme),
la catalepsie est toujours le premier état observé : mais
il faut savoir le saisir, car il n'est que transitoire et fait
rapidement place à la léthargie, pour peu que l'on pro-
longe le procédé opératoire. Si l'on veut, en effet, produire la catalepsie d'une façon primitive sur la fixation
du regard ou d'un objet quelconque, il faut saisir le
moment où les yeux du sujet deviennent fixes, en même
temps que les conjectives s'injectent, et s'éloigner
aussitôt de lui ou enlever l'objet fixé : dès lors l'état
cataleptique est établi.

2.

Il en est de même pour la pression du vertex ou du front : en saisissant le moment où la catalepsie s'établit et en cessant immédiatement cette pression, on fixe l'état nerveux. Si l'on repratiquait de nouveau la pression, on aurait la léthargie, ce qui prouve bien que le même procédé, suivant sa durée, peut déterminer deux états différents.

Une lumière plus ou moins vive, un bruit plus ou moins intense peuvent provoquer la catalepsie d'une façon primitive.

On peut rapprocher de ces cas les faits de catalepsie produite par la foudre, et dont on trouve plusieurs exemples dans les auteurs. Puel cite, d'après le docteur Gosse (de Genève), le cas de deux domestiques frappés de catalepsie le même jour, à la même heure, aux deux extrémités de la ville, pendant un orage et au moment où venait d'éclater un violent coup de tonnerre. Cet état dura quelques heures.

Vieussens rapporte l'histoire d'un coup de foudre qui frappa de catalepsie deux hommes, deux enfants, deux bœufs et un chien : les deux enfants seuls ne furent pas tués.

Cardan a vu huit moissonneurs être frappés de la foudre pendant qu'ils prenaient leur repas sous un arbre, et conserver l'attitude qu'ils avaient au moment de la mort.

Boudin (*Ann. d'hygiène et de médecine légale*, 1854) oublie un grand nombre de faits analogues. L'abbé Thomas, âgé de soixante-dix ans, fut frappé d'un coup

de foudre au mois de juin 1851, pendant qu'il célébrait
la messe à Montmorillon (Vienne); on le rapporta à sa
demeure dans un état de catalepsie complète. — La
femme d'un vigneron de Nancy fut foudroyée au
moment où elle cueillait un coquelicot, et l'on trouva
son cadavre debout, un peu penché, avec une fleur dans
la main. — Un prêtre fut tué par la foudre pendant
qu'il était à cheval, mais l'animal continua sa route et
rapporta le corps immobile de son maître à la maison,
à deux lieues de distance. — Une chèvre frappée de la
foudre, aux environs de Clermont, fut trouvée debout
sur les pattes de derrière, ayant à la bouche une bran-
che de verdure.

Tout récemment, dans la commune de Savigné
(Vienne), un homme frappé par la foudre fut trouvé
debout, à côté de l'arbre sous lequel il avait cherché un
abri.

Chez certains sujets qui ont été entraînés par des
expériences antérieures et qui sont devenus d'une
sensibilité extrême, il suffit, pour déterminer cet état
nerveux, d'une excitation extrêmement légère, une
lumière très-faible, par exemple, le choc d'un verre, le
froissement d'une feuille de papier, etc.; si, chez ces
sujets, on agissait par des excitations plus intenses,
telles que lumière vive, bruit violent, on provoquerait
la léthargie, ce qui prouve que, là encore, de même
que pour la fixation des yeux ou la pression du vertex, ce n'est qu'une intensité plus ou moins grande du
procédé qui produit deux états différents.

M. Paul Richer rapporte que plusieurs hystériques
hypnotiques qui suivaient la procession un jour de
Fête-Dieu furent rendues cataleptiques par la musique
militaire, venue dans l'intérieur de l'hospice de la Salpêtrière pour prêter son concours à cette cérémonie.
— Une autre fois, l'une d'elles tomba cataleptique en
entendant un chien aboyer. — Une autre, se trouvant
un jour de sortie au concert du Châtelet, fut prise trois
fois de catalepsie pendant la séance musicale. La personne qui l'accompagnait n'avait qu'à lui souffler sur
le visage pour faire cesser cet état.

On peut enfin obtenir la catalepsie par l'occlusion
des paupières. En saisissant le moment où les membres
restent dans la situation qu'on leur imprime, et en
suspendant aussitôt l'occlusion, on fixe l'état cataleptique : il ne reste plus qu'à ouvrir les yeux du sujet
pour avoir la catalepsie complète.

La catalepsie peut être produite d'une façon secondaire, consécutivement à la léthargie, en ouvrant les
deux yeux du sujet, ou même un seul, dans un endroit
éclairé [1]; consécutivement au somnambulisme yeux fermés, par le même procédé, à la condition toutefois que
cet état n'ait pas encore été précédé, dans cette même
séance, d'une phase de catalepsie [2].

[1] Dans un cas, chez une hystérique, nous avons vu la catalepsie succéder à la léthargie, à la suite d'un léger souffle sur
les yeux.

[2] Si le sujet, en effet, avait déjà été mis une fois en catalepsie
dans la même expérience, ce n'est plus, de nouveau, ce dernier
état que l'on obtiendrait par le relèvement des paupières, mais
bien le somnambulisme yeux ouverts.

Le sujet en catalepsie est comme pétrifié dans la position qu'il occupait auparavant. Les yeux sont fixes, les pupilles légèrement dilatées, les paupières largement ouvertes [1], animées de très-rares battements ; la cornée est insensible, on peut approcher un corps étranger près d'elle sans provoquer de réflexes palpébraux.

Les téguments sont, à part quelques rares exceptions, insensibles à la douleur ; mais les sens spéciaux persistent toujours d'une façon plus ou moins notable, ce qui permet d'entrer en communication avec le sujet, comme nous le verrons plus loin.

Les membres, bien qu'ils présentent la plus grande souplesse, offrent cette curieuse propriété de pouvoir garder, pendant un temps quelquefois très-long, les positions les plus illogiques et souvent les plus contraires aux lois de la pesanteur : le sens musculaire est exagéré au point que le muscle peut proportionner le degré de sa contraction à la résistance qu'il doit vaincre, comme on peut s'en assurer en mettant le bras dans l'extension et en chargeant la main d'un poids assez considérable. C'est ainsi que le corps du sujet, la tête reposant sur une chaise et les talons sur une autre, se maintiendra dans cette situation aussi rigide qu'une tige de bois.

On pourra le faire tenir sur un seul pied, dans l'atti-

---

[1] A moins que l'on ait produit la catalepsie par l'occlusion des paupières, dans lequel cas les yeux sont fermés : il suffit alors, pour avoir la catalepsie vraie, de relever les paupières du sujet.

tude d'une Renommée, pendant vingt minutes et peut-
être davantage.

On retrouve dans la catalepsie les contractures musculaires provoquées par excitation mécanique, telles
que nous les avons décrites dans la léthargie; de plus,
une contracture donnée pendant la léthargie et qui n'a
pas été rompue, persiste avec toute son intensité pendant le nouvel état cataleptique.

Mais, en outre de cette hyperexcitabilité neuro-
musculaire, on note d'une façon constante des contractures d'un nouveau genre : nous voulons parler des
contractures provoquées par une excitation très-super-
ficielle de la peau [1]. En effet, si l'on frôle légèrement la
peau, ou même simplement les poils ; si l'on détermine
un courant d'air par un souffle léger, on provoque
aussitôt au niveau du membre excité ou de son seg-
ment une contracture très-intense [2]. C'est ainsi qu'une
excitation de la peau au niveau de la partie extérieure
de l'avant-bras pourra déterminer une flexion des
doigts, du poignet et même de l'avant-bras. Cette contracture ne pourra être rompue par la malaxation des
muscles contracturés : il faudra pour cela une nouvelle
excitation portant le plus souvent sur le même point

---

[1] Ces contractures musculaires par excitation superficielle de
la peau se rencontrent également dans la léthargie et dans le
somnambulisme, à la condition, toutefois, que les sujets soient
catalepsiables. C'est pourquoi nous décrivons cette variété de
contractures avec la catalepsie, dont elles sont pour ainsi dire
une des caractéristiques.

[2] Les prétendues passes des magnétiseurs agissent de la même
façon, en provoquant une excitation superficielle de la peau.

primitivement excité; quelquefois l'excitation décon-
tracturante devra être portée sur le côté opposé du
même membre, à la partie postérieure, par exemple, si
la première a été effectuée à la partie antérieure; dans
d'autres cas, pour rompre la contracture, il faudra
exciter la peau du membre opposé ou même d'un tout
autre point du corps, ignoré *à priori* et que l'on sera
obligé de rechercher par tâtonnements. Comme on le
voit, on ne rencontre jamais, dans cette variété de
contractures, la précision physiologique et anatomique
que l'on trouve dans les contractures par excitation
mécanique du muscle ou du nerf [1].

Aucune de ces deux sortes de contractures, du reste,
ne persiste à l'état de veille.

Le mécanisme des contractures par excitation superficielle de la peau est dû à une action réflexe, dont le
point de départ centripète a lieu au niveau des nerfs
de la peau.

Pour terminer ce qui a trait aux contractures observées dans la catalepsie, nous dirons qu'on peut, chez
quelques sujets, assez rares du reste, provoquer un état
tétaniforme, à la suite de la léthargie, en relevant les
paupières ou en soufflant sur les globes oculaires : cet
état de contracture généralisée, qui est absolument
transitoire, et qui précède, dans ces cas, la catalepsie,

---

[1] La variété de contractures que nous étudions en ce moment
présente également cette particularité, que l'aimant ne peut
produire sur elles le phénomène du transfert, comme nous
l'avons signalé, au contraire, dans les contractures par excitation mécanique du muscle.

cède rapidement, après quelques légères frictions au niveau des muscles contracturés.

Pour compléter le tableau de la catalepsie, il nous faut décrire les suggestions si curieuses que l'on produit dans cet état : en raison de leur importance et de leur intérêt, nous le ferons longuement dans un paragraphe spécial.

On peut dissocier la catalepsie et la provoquer sur une moitié du corps, pendant que l'autre moitié reste en léthargie. Il suffit, pour cela, soit d'ouvrir un seul œil à un sujet en état de léthargie pour avoir l'hémicatalepsie correspondante, soit de fermer un œil à ce sujet en état de catalepsie, pour obtenir l'hémiléthargie du côté correspondant pendant que l'autre côté reste en hémicatalepsie [1]. Les premières fois que l'on pratique ces expériences de dissociation, on est obligé de maintenir un œil ouvert et l'autre fermé, pendant tout le temps de la constatation de ces états; mais au bout de quelque temps, le sujet est suffisamment entraîné, et l'on obtient alors des états unilatéraux permanents. Tandis que du côté catalepsié, les membres gardent indéfiniment les attitudes qu'on leur donne, du côté en léthargie, au contraire, ils retombent inertes, chaque hémisphère cérébral fixant, avec une

---

[1] Par suite de l'entre-croisement des nerfs optiques, c'est l'hémisphère cérébral opposé qui fixe l'état hynotique dissocié. C'est ainsi que, par exemple, en ouvrant l'œil droit d'un sujet en léthargie, on mettra l'hémisphère cérébral gauche en catalepsie, état qui se réfléchira à son tour du côté droit, en vertu de l'entre-croisement des faisceaux de la moelle au niveau du bulbe.

indépendance fonctionnelle propre, un état nerveux différent[1]. Les effets sont encore rendus plus sensibles par l'expérience suivante : on met entre les mains du sujet catalepsié son ouvrage (du crochet, par exemple), et aussitôt il y travaille comme s'il était à l'état de veille ; vient-on alors à faire l'occlusion de l'œil gauche, on voit peu à peu le bras correspondant se ralentir, puis retomber inerte, pendant qu'au contraire le bras droit continue à faire des mouvements en rapport avec le travail commencé.

On peut à l'aide de l'aimant opérer le transfert de l'hémiléthargie et de l'hémicatalepsie. C'est ainsi qu'en appliquant un aimant à quelques centimètres du bras droit (en léthargie), on voit au bout de deux minutes la main droite s'agiter d'un léger tremblement, puis prendre graduellement la consistance des membres cataleptiques et se placer peu à peu dans la position qu'occupait le bras gauche. Ce dernier, de son côté,

[1] Quelques observateurs ont voulu trouver dans l'hypnotisme unilatéral la confirmation de l'opinion de Dax et de Broca qui plaçaient dans le cerveau gauche le siége du langage articulé. C'est ainsi que, pendant la catalepsie, en mettant un livre entre les mains du sujet et en l'engageant à lire à haute voix, celui-ci s'arrêterait court au milieu d'une phrase ou d'un mot, si par l'occlusion de l'œil droit on détermine subitement la léthargie de l'hémisphère cérébral gauche, la lecture étant reprise à l'endroit interrompu, aussitôt que l'œil droit est ouvert de nouveau.

Nous avons répété maintes fois cette expérience sur plusieurs sujets, et nous avons toujours constaté que la lecture s'effectuait tout aussi bien, quel que fût l'hémisphère cérébral mis en léthargie. Aussi pensons-nous que l'hypnotisme ne peut, à lui seul, comme on l'a prétendu, donner la démonstration de ce point de topographie cérébrale.

devient flasque et prend tous les caractères de la
léthargie. Le transfert peut ne pas agir sur l'œil ouvert
du côté qui est devenu léthargique, et fermé du côté
devenu cataleptique. (Féré.)

On fait cesser la catalepsie en soufflant *fortement* sur
les yeux ; le sujet se réveille, n'ayant aucun souvenir
de ce qui s'est passé pendant son sommeil [1].

On peut transformer la catalepsie tantôt en somnambulisme yeux fermés, en soufflant *faiblement* sur les
yeux [2], en pratiquant l'occlusion des paupières ou le
réflexe du vertex. Si l'on a affaire à une catalepsie primitive, ces procédés détermineront plutôt la léthargie ;
si, au contraire, il s'agit d'une catalepsie secondaire,
on produira le plus souvent le somnambulisme yeux
fermés, quelquefois le somnambulisme yeux ouverts.

---

[1] Dans certains cas de catalepsie, et notamment dans la catalepsie secondaire, le souffle, même très-intense, sur les yeux, ne
parvient pas à réveiller le sujet ; on est alors obligé de le faire
passer dans un autre état, léthargie ou somnambulisme, d'où
l'on peut alors le faire sortir très-facilement.

[2] Comme on le voit, la même excitation, suivant son intensité
plus ou moins grande, peut déterminer soit le réveil, soit un
changement d'état. On remarquera également que les intensités
du souffle qu'il faut développer dans la catalepsie pour avoir
des effets différents, sont justement en raison inverse de celles
qu'il faut produire dans la léthargie et le somnambulisme, pour
avoir les mêmes résultats.

En effet, alors que, dans la catalepsie, un souffle faible détermine la léthargie ou le somnambulisme, c'est-à-dire une nouvelle phase hypnotique, dans ces deux derniers états, au contraire, un souffle faible donnera le plus souvent le réveil, alors
que, dans la catalepsie, un souffle intense produira le réveil,
dans la léthargie et le somnambulisme, au contraire, un souffle
fort pourra provoquer un changement d'état.

Il est un fait curieux à noter, c'est que, alors que les mêmes excitations (telles que l'occlusion des paupières et la pression du vertex) qui avaient déterminé primitivement la catalepsie peuvent provoquer de nouveau un changement d'état (léthargie ou somnambulisme), la fixation du regard, au contraire, pratiquée pendant l'état cataleptique, est incapable de le modifier, si prolongée qu'elle soit.

§ II. — *Suggestions [1] dans la catalepsie.*

Influence du geste sur la physionomie : attitudes expressives. — Hallucinations suggérées par le geste. — Automatisme du mouvement. — Imitation automatique. — Automatisme de la mémoire. — Suggestions diverses provoquées par la parole. — Illusions, hallucinations, paralysies, actions irrésistibles, idées fixes, réveil, etc. — Suggestions persistant après le réveil.

Nous avons vu que la catalepsie était caractérisée par cette propriété qu'avaient les membres de conserver l'attitude qu'on leur donnait. Mais ce qu'il y a de plus intéressant à noter, c'est l'influence du geste sur la physionomie : l'attitude que l'on donne au sujet se réflète

---

[1] Nous définirons la *suggestion*, prise dans son sens particulier, une influence produite par une personne étrangère sur le cerveau d'un sujet hypnotisé, cette influence pouvant se faire soit à l'aide de paroles, d'affirmations ou d'injonctions, soit à l'aide d'impressions venant des différents sens, y compris le sens musculaire. Prise dans un sens plus général, la suggestion peut se produire à l'état de veille, sous l'influence d'une simple idée, conçue par les sujets eux-mêmes ou imposée par un tiers, comme nous le verrons plus loin.

sur son visage, en suggérant pour ainsi dire d'elle-
même au cerveau les sentiments qu'elle représente. Si
l'on approche une main du sujet à sa bouche, comme
pour lui faire envoyer un baiser, on le voit aussitôt
sourire ; si on le met dans l'attitude de l'extase, sa physionomie prend un air béat, et son regard se dirige en
haut. Vient-on à le placer dans une attitude de peur,
en mettant ses bras de telle sorte qu'ils semblent
repousser quelque chose d'effrayant, on voit son visage
se contracter et manifester un sentiment de frayeur ;
si l'on met un de ses bras dans l'extension, dirigé en
avant et le poing fermé, on voit ses sourcils se froncer,
sa tête s'incliner légèrement en bas, et sa figure
prendre un caractère de haine. On peut multiplier à
l'infini les suggestions de cette nature [1] : les attitudes
d'orgueil, d'humilité, de prière, etc., seraient également représentées sur le visage du sujet [2].

Ces attitudes pourront être transférées par l'aimant,

[1] Braid pensait que les attitudes cataleptiques diverses, pouvant se maintenir pendant un temps fort long, ont dû peut-être
fournir aux anciens sculpteurs des éléments dans la confection
de leurs chefs-d'œuvre.

[2] Dans quelques cas, fort rares du reste, on peut saisir
l'influence inverse de la physionomie sur le geste. C'est ainsi
qu'en provoquant, par l'électricité, la contraction des muscles
zygomatiques, le rire s'emparera du visage, et l'on pourra voir le
sujet prendre de lui-même une attitude en rapport avec l'expression gaie de sa face ; en faisant contracter les muscles sourci-
liers, les sourcils se fronceront, et le sujet pourra prendre une
attitude tragique. En un mot, on assistera aux mêmes phénomènes que nous avons signalés tout à l'heure, mais qui, ici, se
produiront en sens inverse, la suggestion se faisant par la physionomie sur le geste.

ATTITUDE CATALEPTIQUE : EXTASE.

les membres du côté droit prenant les différentes attitudes cataleptiques du côté gauche, et inversement.

Les sens, comme nous l'avons dit, sont conservés dans la catalepsie et peuvent être impressionnés par l'expérimentateur. Si l'on fait osciller un objet quelconque devant les yeux du sujet, aussitôt ceux-ci perdent leur fixité et suivent l'objet en question. La physionomie peut alors réfléchir les impressions perçues à ce moment par le cerveau : si l'objet, en effet, est porté en l'air par l'observateur, il devient l'illusion d'un oiseau qui vole, et le visage du sujet prend une expression riante ; dans quelques cas même il essaye de l'atteindre avec ses bras en s'écriant : « Ah! le bel oiseau! » Si l'on détermine, au contraire, avec cet objet, des mouvements de reptation, l'illusion de tout à l'heure se change en celle d'un serpent, et la physionomie devient effrayée, en même temps que le sujet peut s'écrier : « Ah! la vilaine bête! » et chercher à fuir.

Si l'on impressionne l'oreille par des sons quelconques (musique, grincements, etc.), le visage reflétera, comme toujours, les sensations que le cerveau éprouve.

Aussitôt que ces excitations cessent, le sujet redevient cataleptique, son regard reprend sa fixité habituelle.

L'état cataleptique représente le type le plus parfait de l'automatisme, qui n'est, en définitif, qu'une des variétés de la suggestion s'opérant par l'intermédiaire du sens musculaire.

Si l'on détermine chez le sujet, pendant quelques secondes, des mouvements rhythmés quelconques (actions de battre des mains, de tourner les poings l'un autour de l'autre, d'élever et d'abaisser alternativement le bras, etc.), et qu'on l'abandonne ensuite à lui-même, ces différents mouvements seront continués indéfiniment, d'une façon automatique [1].

Si l'on fixe les yeux du sujet et qu'on se retire en arrière, il n'est pas rare de le voir s'attacher aux yeux de l'expérimentateur et le suivre partout où celui-ci se dirige; en faisant, avec les mains, le geste de le repousser, on le verrait marcher à reculons. Dans ces derniers cas, ainsi que dans bien d'autres analogues, que l'on pourrait multiplier, il s'agit de suggestions muettes se faisant spontanément sur un cerveau en état cataleptique, par l'intermédiaire du geste.

Une autre variété de suggestions spontanées est constituée par l'automatisme d'imitation : celui-ci est tellement parfait que le sujet répète automatiquement, comme par une véritable action réflexe, tout ce que l'expérimentateur fait devant lui. On peut faire un pied de nez, tirer la langue, envoyer un baiser, lever

[1] En passant rapidement la main devant les yeux du sujet, on fait aussitôt cesser les mouvements, et les membres reprennent l'attitude cataleptique qu'ils avaient antérieurement. Ce geste rapide agit évidemment en suggérant au cataleptique un ordre d'arrêt.

un bras, etc., tous ces différents mouvements seront ponctuellement exécutés par le sujet, sans qu'il soit besoin de lui adresser une seule parole. Aussitôt que le mouvement est terminé, les membres reviennent d'eux-mêmes dans l'attitude cataleptique qu'ils occupaient antérieurement.

Si l'on frappe des mains, si l'on siffle, quand bien même ces actions s'exécuteraient derrière le sujet, celui-ci en fait autant. On peut lui faire répéter des paroles quelconques, des phrases d'anglais, d'allemand ; mais celles-ci seront dites par le sujet comme il les entend, c'est-à-dire avec peu de netteté, à moins toutefois que l'on ait affaire à un lettré qui comprenne la langue étrangère dont on se sert [1].

La mémoire peut également être le siége d'un automatisme fort curieux. Vient-on à mettre entre les mains du sujet un objet dont il connaisse préalablement l'usage, aussitôt il accomplira une série d'actions en rapport avec l'usage de cet objet. Si, par exemple, on lui met un verre dans une main, il le portera à sa bouche ; si on lui donne un couteau et un morceau de pain, il coupera le pain avec le couteau ; si on lui donne un chapeau, il s'en couvrira la tête ; une boîte d'allumettes, il en prendra une et l'allumera ; son ouvrage, crochet ou tapisserie, il y travaillera avec la plus grande

---

[1] Nous verrons plus loin qu'il existe un autre état hypnotique, *état de fascination* de M. le Dr Brémaud, se reliant également à la catalepsie, et dans lequel l'automatisme d'imitation pour les langues étrangères est encore plus parfait.

facilité et même avec plus de vitesse qu'à l'état de
veille. On peut multiplier ces expériences à l'infini, le
résultat sera toujours le même, à la condition, toutefois, comme nous l'avons dit, que le sujet connaisse
l'usage de l'objet qu'on lui met entre les mains : on comprend, en effet, que, dans ces cas, il se fasse une sorte
de suggestion spontanée agissant sur la mémoire et le
souvenir, ce qui ne saurait avoir lieu si l'usage des objets
en question était préalablement ignoré de l'hypnotisé [1].

Lorsque l'expérimentateur fait cesser cette suggestion en retirant l'objet des mains du sujet, celui-ci
revient aussitôt à l'attitude cataleptique qu'il avait
auparavant; il y revient également de lui-même, après
avoir accompli l'acte suggéré.

Par suite de la conservation des sens spéciaux, rien
n'est plus facile à l'observateur que d'entrer en communication avec le sujet cataleptique. Il suffit de lui parler
d'une voix plus ou moins forte; souvent il est nécessaire, pour le rendre accessible aux excitations sensorielles de l'ouïe, de rompre préalablement la fixité du
regard qui, on le sait, dans la catalepsie, semble s'attacher constamment à un point imaginaire de l'espace [2].

---

[1] M. le Dr Mesnet, qui a constaté un des premiers cet automatisme de la mémoire et du souvenir (Paris, 1874), rapporte l'histoire d'un chanteur chez lequel, lorsqu'on lui présente une canne
pour un fusil, tous ses souvenirs militaires ressuscitent : il charge
son arme, se couche à plat ventre, vise avec soin et tire; si on
lui présente un rouleau de papier, les souvenirs de son métier
actuel ressuscitent : il le déroule et chante à pleine voix.

[2] Nous avons vu que, pour rompre cette fixité du regard, il

On peut, dès lors, provoquer des suggestions de toute nature, illusions, hallucinations, paralysies, contractures, réveil par suggestion, etc., déterminer des actes inconscients, des idées fixes et irrésistibles de toute sorte, absolument comme on peut le faire pendant le somnambulisme; on fera également persister à l'état de veille les suggestions données pendant la phase hypnotique. Nous n'insisterons pas sur ces phénomènes que l'on trouvera exposés longuement au chapitre *Som-nambulisme* (voir *Suggestions du somnambulisme,* § 2 et § 3), et qui peuvent être reproduits de la même façon dans cette modalité de la catalepsie que nous étudions en ce moment : nous ajouterons même que l'on observe ici un automatisme peut-être encore plus parfait que dans l'état somnambulique; jamais on ne voit manquer l'exécution des suggestions données, le sujet étant pour ainsi dire la *chose* de l'expérimentateur.

Dans cet état pour ainsi dire suggestif de la catalepsie, le sujet répond parfaitement aux paroles qu'on lui adresse, et présente même une hyperesthésie particulière des sens spéciaux analogue à celle que nous signalerons dans le somnambulisme. Mais, à l'encontre de ce dernier état, il n'a pas de tendance à agir spontanément, de lui-même, et il a besoin d'une sollicitation extérieure pour accomplir les actes suggérés, après lesquels il retombe facilement dans l'immobilité cataleptique que nous avons décrite.

suffisait de faire osciller devant les yeux un doigt ou un objet quelconque.

CHAPITRE V

SOMNAMBULISME.

(De *sommus*, sommeil, et *ambulare*, se promener.)

§ I. — *Somnambulisme.*

A. *Somnambulisme yeux fermés.* — Procédés pour l'obtenir primitivement ou secondairement. — Description. — Apparence léthargoïde du début ; aucune spontanéité, l'observateur doit entrer en communication avec le sujet. — Yeux plus ou moins clos ; anesthésie cutanée ; hyperesthésie des sens spéciaux. — Hyper-excitabilité neuro-musculaire ; contractures par excitation superficielle de la peau chez les sujets catalepsiables. — Perte habituelle de la notion de tout ce qui entoure le sujet. — Automatisme plus ou moins absolu ; obéissance passive dans la plupart des cas. — Suggestions de toute nature. — Hémi-somnambulisme. — Cessation du somnambulisme yeux fermés par le passage à l'état de veille ou à un autre état (léthargie, catalepsie, somnambulisme yeux ouverts). — **B.** *Somnambulisme yeux ouverts.* — État toujours secondaire. — Description. — Yeux complétement ouverts ; insensibilité constante des téguments ; hyperesthésie sensorielle. — Contractures musculaires des deux variétés. — Perte constante de la notion des lieux et des personnes qui entourent le sujet. — Illusions et hallucinations spontanées. — Activité incessante ; automatisme moins absolu. — Rêves somnambuliques. — Cessation du somnambulisme yeux ouverts par le retour à l'état de veille ou le passage à un autre état hypnotique (léthargie, somnambulisme yeux fermés).

Nous décrirons deux variétés de somnambulisme, suivant que le sujet a les yeux plus ou moins clos (A.

Somnambulisme yeux fermés), ou que, au contraire, il a les paupières complétement relevées (B. *Somnambulisme yeux ouverts*). Nous avons remarqué, en effet, que ces deux modalités, bien qu'appartenant à un seul et même état, présentaient certaines particularités constantes qui justifiaient une double description.

A. *Somnambulisme yeux fermés*.

Tous les procédés qui produisent primitivement la léthargie pourront également déterminer le somnambulisme yeux fermés. Nous dirons même que chez les sujets catalepsiables, cette phase hypnotique s'observe bien plus souvent, comme état primitif, que la léthargie.

On provoquera le somnambulisme yeux fermés consécutivement à la catalepsie, par l'occlusion des paupières [1], par un souffle *léger* sur les globes oculaires, par le réflexe du vertex : il est même plus fréquent de voir survenir le somnambulisme, plutôt que la léthargie, lorsque la catalepsie est secondaire.

Le somnambulisme yeux fermés succède à la léthargie d'une façon constante, lorsqu'on frictionne le vertex. Dans quelques cas, on pourra également le produire, consécutivement à ce dernier état, en soufflant fortement sur les yeux.

Le somnambulisme yeux fermés offre tout d'abord

[1] Une occlusion plus longtemps pratiquée donnerait la léthargie.

les mêmes apparences que la léthargie : le sujet semble
inerte, insensible aux choses extérieures ; sa tête est
souvent inclinée sur une des épaules, les membres,
toutefois, n'offrant jamais une résolution aussi complète que dans la léthargie. Et cependant cet état
d'inertie n'est qu'apparent : vient-on, en effet, à adresser la parole au somnambule, aussitôt il vous répond,
relève la tête, et, si on le lui commande, il se lève,
marche, et peut dès lors accomplir toutes les actions
qui lui sont ordonnées.

C'est cet état léthargoïde qui marque, dans la majorité des cas, le début du somnambulisme yeux fermés,
qui a donné lieu à de fausses interprétations de la part
d'un observateur distingué, M. le docteur Brémaud.
« Si, dit ce médecin, sur un sujet en léthargie, paraissant complétement isolé du monde extérieur, ne
répondant à aucune sollicitation verbale, on contracture par la percussion le membre supérieur, le droit,
par exemple, le sujet est toujours en léthargie et ne
répond point ; mais que l'expérimentateur touche le
membre contracturé et en porte l'extrémité digitale
presque à toucher ses lèvres, de façon que les vibrations
sonores se communiquent par continuité d'organes
solides, immédiatement le sujet perçoit les sons émanant de l'expérimentateur et répond à ses questions
comme dans l'état de somnambulisme. » (Société de
biologie, 26 avril 1884.)

Nous avons voulu maintes fois répéter cette expérience, et jamais nous n'avons obtenu les résultats pré-

cédents. Nous sommes persuadé que M. Brémaud avait affaire à un état de somnambulisme d'emblée, et que toute parole prononcée d'une voix forte eût été perçue par le sujet, aussi bien par l'intermédiaire de l'air ambiant que par son bras contracturé. Dans la léthargie véritable, au contraire, le sens de l'ouïe est absolument fermé à toute impression, de quelque façon que l'on s'y prenne.

Les yeux sont complétement fermés, les paupières animées ou non du même frémissement que nous avons noté dans la léthargie, ou présentent une légère fente palpébrale plus ou moins appréciable, mais qui, dans tous les cas, permet au sens de la vue de se laisser très-facilement impressionner.

On constate, du côté de la peau, une insensibilité complète à la douleur; il y a cependant quelques exceptions, et il est même remarquable de voir, chez un sujet qui passe deux ou trois fois par l'état de somnambulisme dans une même expérience, la sensibilité des téguments varier, et de constater sa persistance la première fois et sa disparition les autres fois [1].

Du côté des sens spéciaux (vue, ouïe, odorat), on note, au contraire, une hyperesthésie constante. Cette exagération des impressions sensorielles peut être plus

---

[1] A côté de cette insensibilité des téguments, pour ainsi dire constante, on cite quelques faits d'hyperesthésie cutanée, surtout pour la température : c'est ainsi qu'Azam, de Bordeaux (*Revue de médecine*, 1860), rapporte le cas d'une demoiselle qui éprouvait une certaine chaleur lorsqu'on plaçait une main nue à 40 centimètres derrière son dos.

ou moins accentuée : peu développée chez les uns, elle est tellement exaltée chez d'autres, qu'elle peut alors être le point de départ d'actions véritablement merveilleuses.

C'est ainsi que, à travers une fente palpébrale à peine appréciable (au point que l'on arrive presque à se demander si les yeux ne sont pas complétement clos), le sens de la vue peut être très-facilement impressionné, et le sujet nommera sans se tromper tous les objets qu'on lui mettra devant les yeux.

Lorsque les paupières sont complétement relevées, comme nous le verrons plus loin (somnambulisme yeux ouverts), les yeux se laissent encore bien plus facilement impressionner, et nous avons pu, dans ces circonstances, répéter chez plusieurs sujets l'expérience suivante, qui rend évident le degré intense d'hyperacuité visuelle pendant la phase somnambulique. On prépare plusieurs petits carrés de papier blanc, huit ou dix, par exemple, et l'on marque l'un d'eux à l'aide d'un signe imperceptible, seul reconnaissable pour l'observateur. On donne ce carré au sujet en lui suggérant que c'est une photographie, et on le mélange ensuite avec les autres morceaux de papier : malgré tout ce qu'on pourra faire pour dérouter le somnambule, celui-ci saura toujours distinguer le premier carré, ou portrait imaginaire, des autres. Ce fait ne peut s'expliquer que par une excitabilité de la vue telle, que le sujet reconnaîtra certains défauts du papier, absolument inappréciables pour un œil normal, et qui, pour lui,

deviendront des points de repère facilement recon-
naissables.

Berger, de Breslau, a vu un étudiant hypnotisé qui
pouvait lire dans l'obscurité une page imprimée, dont
il lui était impossible de déchiffrer une lettre à l'état
de veille et dont personne ne pouvait lire non plus un
seul mot.

Nous connaissons en ce moment dans un des hôpitaux de Paris un malade atteint de cécité hystérique
absolue, qui, lorsqu'il tombe en accès de somnambulisme spontané, recouvre la vue d'une façon complète.

La variabilité dans l'intensité de cette hyperacuité
sensorielle, chez certains sujets, doit évidemment tenir,
en dehors de l'entraînement expérimental auquel on
peut les soumettre, à une prédisposition individuelle
spéciale. Nous citerons à ce sujet une communication de
M. le docteur Taguet (de Bordeaux) à la Société médico-
psychologique (24 décembre 1883), dont nous détache-
rons les faits suivants qui ont trait à une hyperesthésie
excessive de la vue, persistant après l'état hypnotique,
chez une hystérique somnambule :

« Après avoir placé devant ses yeux un carton, nous
« réveillons la malade. Ses yeux ont à peine rencontré
« le plan du carton qu'elle s'étonne d'avoir la figure
« sale et efface une à une les taches dont nous avions
« maculé son visage avant de la réveiller, se servant de
« corps opaque comme d'une véritable glace. Les
« empreintes qui ne viennent pas se réfléchir directe-
« ment dans un point déterminé du miroir ne sont pas

« perçues, à moins que celui-ci ne soit élevé ou abaissé,
« ou que l'on porte la tête de la malade, soit à droite,
« soit à gauche, suivant les cas, le regard restant atta-
« ché à l'écran. Nous tenons au-dessus, ou bien en
« arrière de sa tête, mais de telle sorte qu'ils se trou-
« vent dans le champ du carton, divers objets tels qu'une
« bague, une montre, une pipe, de petits bonshommes
« en papier, etc.; elle ne tarde guère à les apercevoir,
« elle en décrit la forme, la couleur. Nous ferons
« remarquer qu'il existe toujours un certain retard dans
« la perception des objets; c'est ainsi que si nous sub-
« stituons brusquement une pièce de dix centimes, par
« exemple, à une montre, elle n'en continuera pas
« moins à chercher à lire l'heure, puis, tout à coup,
« elle s'écriera : La montre a disparu, voilà deux
« sous! etc. »

Le sens de l'ouïe est également hyperesthésié : le
sujet entend très-bien le tic tac d'une montre à un ou
deux mètres de distance et même davantage. M. le docteur Brémaud, de Brest, cite le cas d'un somnambule
qui, se trouvant un soir dans son cabinet et regardant
à travers les carreaux de la fenêtre, entendait parfaitement un dialogue qui avait lieu à voix basse, à l'autre
bout de la rue, entre une femme et un ouvrier du
port.

Il en est de même des impressions olfactives, qui
peuvent aussi être exagérées. Nous avons fait reconnaître à certains sujets les odeurs de plusieurs par-
fums, en exposant simplement, pendant moins d'une

seconde, une feuille de papier au-dessus du flacon[1].

D'après Berger et Ladame (de Dambresson), on pourrait faire répéter à un somnambule les mots que l'on prononce dans un tuyau (un stéthoscope par exemple) posé sur le creux de l'estomac ou dans la région des vertèbres cervicales inférieures, tandis que si l'on prononce ces mots sur une autre partie du corps, dans la région du foie, par exemple, ou sur la poitrine, ou même sur la tête, le somnambule ne les répète pas.

Nous avons cherché à vérifier plusieurs fois cette assertion, mais nous n'avons jamais pu y parvenir. Tous les sujets que nous avons soumis à cette expérience répétaient toujours ces mots que l'on prononçait, quel que fût l'endroit du corps où l'on appliquât le stéthoscope. Nous pensons que ces observateurs n'ont pas su se mettre en garde contre des causes d'erreur, si faciles en matière d'hypnotisme, et nous rejetons, quant à présent, l'existence de ces prétendus centres *phonographiques :* le sujet répond, parce qu'il entend par ses organes auditifs, et non parce qu'il se fait un réflexe de transmission partant de l'épigastre ou de la région cervicale.

Malgré cette hyperacuité des sens spéciaux, rien n'est plus facile que de donner, par voie de suggestion, des impressions sensorielles fausses : c'est ce qui constitue un des caractères les plus intéressants de l'état

---

[1] Le sujet cité par M. Taguet avait également une hyperexcitabilité olfactive telle, qu'il reconnaissait à l'odeur les propriétaires de certains objets qu'on lui donnait à flairer.

somnambulique. (Voir Suggestions dans le somnambulisme.)

A côté de cette exagération de l'acuité sensorielle,
on peut noter l'augmentation de la force musculaire qui
se fait, chez certains somnambules, dans des proportions considérables, fort appréciables au dynamo-
mètre.

Il en est de même de l'hyperexcitation intellectuelle,
qui est très-nette dans certains cas. M. Brémaud (*loc.
cit.*, p. 21) cite le fait d'un de ses jeunes parents, élève
d'un lycée, auquel les sciences mathématiques, tout en
étant connues, étaient loin d'être familières, et qui,
mis en somnambulisme, résolvait très-élégamment et
très-rapidement un difficile problème de trigono-
métrie qui l'embarrassait fort un certain soir, et qui
ne l'embarrassait pas moins, une fois l'état de veille
survenu.

Cette hyperexcitation des facultés intellectuelles se
retrouve, du reste, dans certains cas de somnambulisme
spontané. On connait ces cas avérés où des savants et
des artistes ont pu accomplir des œuvres vraiment
incompatibles avec le développement des facultés à
l'état de veille; certains élèves, en état de somnambulisme spontané, font leurs devoirs pendant la nuit et
sont fort étonnés, le lendemain matin, en présence du
labeur accompli. Weinhold cite le cas d'un ecclésiastique qui rédigeait, pendant des accès de somnambulisme spontané, des sermons bien supérieurs à ceux
dont il entretenait d'habitude ses ouailles.

Dans le somnambulisme, on note d'une façon constante le phénomène que nous avons décrit au chapitre Léthargie sous le nom d'hyperexcitabilité neuro-musculaire [1] : de même que dans la léthargie et dans la catalepsie, on peut, en excitant directement et mécaniquement les muscles, les tendons ou les nerfs, déterminer des contractures paradoxales. (V. ce mot, chap. Léthargie). C'est ainsi qu'en ordonnant au sujet de lever brusquement son bras en l'air, comme pour lancer une pierre, ce membre restera immédiatement contracturé dans cette position.

Quant aux contractures par excitation superficielle de la peau, nous avons pu également les déterminer, mais seulement chez les sujets qui étaient catalepsiables, c'est-à-dire qui présentaient la catalepsie parmi les phases de leur somniation [2].

Ces deux variétés de contractures ne peuvent être réduites par le sujet lui-même, à part de rares exceptions. Jamais nous ne les avons vues persister à l'état de veille; lorsqu'elles n'ont pas été réduites par l'observateur avant le réveil, elles cessent d'elles-mêmes au moment où celui-ci survient [3].

---

[1] La constance absolue de ce phénomène fait que nous le considérons presque comme un critérium, qui peut servir à se mettre en garde contre la simulation du sommeil hypnotique.

[2] Nous avons, on se le rappelle, noté cette particularité en parlant de la léthargie.

[3] Seules peuvent persister après le réveil les contractures provoquées par suggestion, mais qui sont d'un tout autre ordre que celles dont nous parlons en ce moment. (V. *Sugg. persistantes.*)

· Le sujet, au moment où s'établit l'état de somnambulisme yeux fermés, perd complétement la notion des
lieux où il se trouve et celle des personnes qui l'entourent [1]; en un mot, on voit disparaître le souvenir de
tout ce qui précédait le passage de l'état de veille à
l'état de sommeil. Et pourtant la mémoire persiste
intacte pendant toute cette phase hypnotique, car on
peut faire raconter au somnambule, avec la plus grande
précision, les différentes périodes de son existence.
Dans beaucoup de cas même, on note une réviviscence
très-nette des souvenirs, comme si les cellules cérébrales qui président à l'emmagasinement des idées et
au fonctionnement de la mémoire subissaient pendant
l'hypnotisme une sorte de stimulation spéciale : c'est
ainsi que Braid [2] cite le cas d'une femme qui, pendant
le somnambulisme, récitait directement de longs cha-
pitres de Bible hébraïque et d'autres livres, alors
qu'elle n'avait jamais étudié les langues dans lesquelles
elle récitait et qu'elle n'en pouvait dire un mot à l'état
de veille; or on découvrit à la longue qu'elle avait
retenu ce qu'elle répétait, pour l'avoir entendu lire à
haute voix par un ecclésiastique chez lequel elle avait
résidé étant jeune fille. — M. Ch. Richet rapporte le
fait d'une somnambule qui chantait un air entier de
l'*Africaine,* alors qu'elle n'avait entendu cet opéra

---

[1] Le sujet hypnotisé n'a jamais conscience de son état, comme
le prétendent certains observateurs (Chambard); lorsqu'on lui
dit qu'il est endormi, il se récrie vivement et répond « qu'on se
moque de lui et qu'il est aussi bien réveillé que vous ».

[2] *Loc. cit.*, p. 6.

qu'une fois seulement, et qu'à l'état de veille elle était incapable d'en chanter le moindre fragment. Les faits de ce genre sont extrêmement abondants.

L'expérience suivante, que nous avons répétée sur plusieurs somnambules, se rapproche jusqu'à un certain point des cas que nous venons de signaler : après leur avoir lu deux ou trois fois de suite quelques phrases soit d'un journal, soit d'un livre quelconque, nous les endormions plusieurs jours après, et nous leur faisions répéter presque ponctuellement ces mêmes phrases, alors que, une fois réveillés, ils étaient incapables de s'en rappeler un seul mot.

Un de nos confrères nous a communiqué le fait suivant, qu'il a observé lui-même sur un somnambule masculin, et qui dénote une hyperacuité remarquable de la mémoire et du sens de la vue pendant l'état hypnotique. On met sous les yeux du sujet une série de feuilles de papier superposées et on lui commande d'écrire sous la dictée. Lorsqu'il a écrit quelques lignes sur la première feuille, on la retire subitement : celui-ci continue sur la seconde feuille, sans remarquer l'enlèvement de la première. On lui enlève de même la seconde, puis la troisième et la quatrième, lorsqu'une série de quelques lignes a été écrite sur chacune de ces feuilles, à chaque fois le sujet reprenant son écriture au point exact où il en est resté sur la feuille précédente. Enfin, la quatrième feuille étant épuisée, on lui remet la cinquième entre les mains, en lui disant de relire à haute voix tout ce qu'il a écrit et de ponctuer aux endroits nécessaires : c'est ce qu'il fait avec une exactitude et une régularité vraiment surprenantes, aucun mot n'étant omis et chaque correction correspondant exactement, sur cette cinquième feuille, aux points divers des quatre feuilles successivement enlevées.

Cette exaltation de la mémoire, du reste, se retrouve également dans différents états cérébraux soit physiologiques, soit morbides. Il y a plusieurs récits de noyés, sauvés d'une mort imminente, qui s'accordent sur ce point « qu'au moment où commençait l'asphyxie, il leur a semblé voir, en un moment, leur vie entière dans ses plus petits incidents. L'un d'eux prétend qu'il lui a semblé voir toute sa vie antérieure se déroulant en succession rétrograde, non comme une simple esquisse, mais avec des détails très-précis, formant comme un panorama de son existence entière, dont chaque acte était accompagné d'un sentiment de bien ou de mal. »

Dans une circonstance analogue « un homme d'un esprit remarquablement net traversait un chemin de fer au moment où un train arrivait à toute vitesse. Il n'eut que le temps de s'étendre entre les deux lignes de rails. Pendant que le train passait au-dessus de lui, le sentiment de son danger lui remit en mémoire tous les incidents de sa vie, comme si le livre du jugement avait été ouvert devant ses yeux [1]. »

Les intoxications par l'opium, par le haschich, le sommeil chirurgical provoqué par le chloroforme pro-

---

[1] WINSLOW, cité par Th. RIBOT, *les Maladies de la mémoire*, Paris, 1881.

duisent également une hyperactivité de la mémoire.
« Un vieux forestier, dit Mathias Duval (*Nouv. Dict. de
méd.*, art. HYPNOTISME), avait vécu pendant sa jeunesse
sur les frontières polonaises et n'avait guère parlé que le
polonais. Dans la suite, il n'avait habité que des districts
allemands. Ses enfants assurèrent que depuis trente ou
quarante ans, il n'avait entendu ni prononcé un seul mot
de polonais. Pendant une anesthésie qui dura près de
deux heures, cet homme parla, pria, chanta, rien qu'en
polonais. »

Certaines maladies ont produit le même résultat.
« A l'âge de quatre ans, un enfant, par suite d'une
fracture du crâne, subit l'opération du trépan. Revenu
à la santé, il n'avait aucun souvenir ni de l'accident ni
de l'opération. Mais à l'âge de quinze ans, pris d'un
délire fébrile, il décrivit à sa mère l'opération, les gens
qui y assistaient, leur toilette et autres petits détails,
avec une grande exactitude. Jusque-là, il n'en avait
jamais parlé et il n'avait jamais entendu personne
donner tous ces détails[1]. »

On a également observé des faits analogues dans le
retour de plusieurs langues qui s'effectuait, chose
curieuse, d'une façon régressive, ou dans la réviviscence d'une langue oubliée depuis de nombreuses
années, soit dans des accès de folie transitoire, soit
dans des délires précédant la mort. Signalons enfin
le cas d'un médecin de Cincinnati, cité par Brown-

---

[1] ABERCROMBIE, cité par RIBOT (*loc. cit.*, p. 145).

Séquard, qui, devenu aphasique à l'état de veille, à la suite d'une hémorrhagie cérébrale, parlait très-facilement en rêvant.

Rien n'est plus facile, comme nous l'avons dit, que d'entrer en communication avec le sujet, pendant le somnambulisme : celui-ci entend tout ce qu'on lui dit, répond aux paroles qu'on lui adresse. Il est, de plus, un instrument passif, automatique, absolument soumis à la volonté, non-seulement de l'expérimentateur, mais également à celle de toutes les personnes qui l'entourent ; tous les ordres peuvent lui être intimés, presque jamais il n'oppose de résistance, ou du moins s'il présente quelque hésitation, celle-ci n'est généralement que de courte durée, et, en insistant un peu, l'ordre est bientôt exécuté. On pourrait dans cet état faire commettre des crimes, faire accomplir des actions complétement en désaccord avec les idées et la moralité du sujet : à certaines somnambules nous aurions fait battre leur mère ; à d'autres, très-religieuses, nous aurions fait briser des statuettes de vierge. Dans ces cas, leurs forces sont décuplées, et c'est avec peine que l'on parvient à les maintenir pour les empêcher d'accomplir les actions suggérées [1].

Cette passivité aussi absolue présente, toutefois, un certain nombre d'exceptions, tenant aux prédisposi-

[1] Les premières fois même, l'observateur peut être un peu troublé, cherche par la force à retenir le sujet, et ne songe pas qu'une simple friction sur le vertex, dans certains cas, suffit pour plonger celui-ci en léthargie et le rendre dès lors impuissant et inoffensif.

tions individuelles spéciales des sujets. Quant à cette
idée, si accréditée dans le vulgaire, que les somnambules sont très-enclins à raconter leurs secrets [1], nous
dirons qu'elle est empreinte d'une grande exagération :
la plupart des sujets réagissent complétement quand
on essaye de leur faire narrer certaines choses de leur
existence, et l'on ne peut arriver à ce but, chez quelques-
uns, qu'en employant des suggestions appropriées, de
façon à les illusionner [2].

Outre les ordres de toute nature qui pourront être
inculqués, on provoquera avec la plus grande facilité
des hallucinations et des illusions sensorielles, et l'on
étendra le domaine de la suggestion sur tous les systèmes de l'organisme : nous traiterons longuement
tout à l'heure cette question si intéressante de l'hypnotisme. (V. *Suggestions dans le somnambulisme.*)

Dans le somnambulisme yeux fermés, le sujet n'offre
aucune spontanéité ; il a besoin d'un stimulus extérieur
pour agir [3], et il arrive même que, lorsqu'on cesse de
se mettre en communication avec lui, il retombe dans
une sorte d'état d'inertie léthargoïde, analogue à
celui du début, restant muet et insensible en apparence

[1] Beaucoup de femmes refusent de se laisser hypnotiser par la
seule crainte qu'elles ont « qu'on les fasse parler ».

[2] Le cas suivant, rapporté par Giraud-Teulon et Demarquay,
se retrouve très-rarement dans les expériences d'hypnotisme :
une dame de la ville, mise en état de somnambulisme provoqué,
se prit à raconter à ces médecins tous ses secrets, et à leur faire
des confidences tellement graves pour elle-même et pour sa
famille, qu'ils durent la réveiller aussitôt, pour ne pas engager
leur responsabilité.

[3] Souvent même il accuse une sensation de fatigue.

aux excitations extérieures, jusqu'à ce que l'on vienne à
le tirer de cet état, en lui adressant de nouveau la parole [1].

Nous avons vu, en parlant de la catalepsie, qu'on
pouvait produire un état unilatéral soit léthargique,
soit cataleptique : de même, on peut arriver à dissocier le somnambulisme d'un seul côté du corps, pendant qu'on produit la léthargie de l'autre côté. La
manœuvre est bien simple : il suffit, pendant que le
sujet est en somnambulisme, de pratiquer une légère
pression sur un globe oculaire, pour obtenir l'hémiléthargie. Si l'on ordonne alors au sujet de lever un bras
ou une jambe correspondant au côté en hémisomnam-
bulisme, il le fera avec la plus grande facilité, tandis
que, au contraire, du côté opposé, cette épreuve sera
impossible et les membres resteront inertes [2].

Chez quelques sujets, assez rares du reste, hystériques et extrêmement sensibles, on peut, en pratiquant,
pendant la catalepsie, le réflexe du vertex sur la partie

[1] Peut-il se produire, dans le somnambulisme, des rêves
spontanés semblables à ceux qui ont lieu si fréquemment dans
le sommeil normal, physiologique? Cela est possible, mais rien
ne le démontre absolument, étant donné que le sujet a complétement oublié, au moment du réveil, tout ce qui s'est passé
pendant son état somnambulique, ainsi que tous les phénomènes dont son cerveau a pu être le siége pendant cette phase
hypnotique.

[2] Toutefois, les efforts que fait le sujet, après injonction,
pour remuer ses membres léthargiés, ne sont pas absolument
infructueux : on peut voir, en effet, dans ceux-ci, se produire
une esquisse de mouvement. Cela tient à ce que l'hémisphère
cérébral somnambulisé transmet une faible partie de l'incita-
tion motrice à l'hémisphère léthargié, par l'intermédiaire des
fibres commissurantes du corps calleux.

latérale de la tête, au lieu de le pratiquer sur le sommet, déterminer du côté frictionné le somnambulisme ou la léthargie, tandis que l'autre côté reste en catalepsie. Ces deux nouveaux états sont également susceptibles de transfert par l'aimant.

Nous n'avons observé, jusqu'à présent, ces états unilatéraux que chez les sujets catalepsiables.

Le somnambulisme yeux fermés peut cesser par le retour à l'état de veille ou le passage à un autre état hypnotique. Le réveil peut se faire spontanément, mais on comprend qu'il est difficile d'abandonner à eux-mêmes les sujets hypnotisés; toutefois, chez l'un d'eux, nous l'avons vu se produire spontanément après sept heures, chez un autre après vingt-deux heures.

Dans quelques cas rares, nous avons vu le réveil survenir en relevant simplement les paupières supérieures. On le provoquera le plus souvent, soit par la suggestion (voir *Réveil par suggestion*), soit en soufflant sur les globes oculaires. Le souffle devra être *léger* et prolongé, car un souffle intense pourrait déterminer un changement d'état (somnambulisme yeux ouverts ou léthargie); quelquefois, même, certains sujets sont tellement sensibles, qu'un souffle, même léger, provoque ce changement d'état, et qu'on ne peut alors obtenir le réveil qu'en employant la suggestion ou en soufflant faiblement sur les yeux pendant une phase de léthargie.

Le réveil après le somnambulisme, de même que celui qui suit la léthargie et la catalepsie, s'accompagne

toujours d'un oubli absolu de tout ce qui s'est passé
pendant la période hypnotique[1].

Le somnambulisme yeux fermés fera place à la
léthargie si l'on souffle *fortement* sur les yeux du sujet,
si l'on pratique le réflexe du vertex ou une légère pression des globes oculaires.

Chez les sujets catalepsiables, le relèvement des
paupières dans un lieu éclairé pourra provoquer la
catalepsie, à la condition, toutefois, que ce dernier état
n'ait pas encore été produit dans cette même séance;
dans ce dernier cas, en effet, ce procédé déterminerait
le somnambulisme yeux ouverts.

Chez les sujets non catalepsiables, au contraire, le
relèvement des paupières transformera presque toujours l'état de somnambulisme yeux fermés en celui
de somnambulisme yeux ouverts.

B. *Somnambulisme yeux ouverts.*

Sans vouloir faire de cet état, comme nous l'avons
dit, une phase particulière de l'hypnotisme, nous
avons tenu cependant à y consacrer quelques mots;
car nous avons remarqué que le somnambule, par cela

---

[1] M. Bernheim (*loc. cit.*, p. 31) cite un cas de persistance du
souvenir après le réveil : nous pensons que cet auteur avait
affaire à cet état d'obnubilation particulière qui précède quelquefois la somniation complète, et dans lequel le sujet peut
encore se mettre consciemment en rapport avec le monde
extérieur, mais non au somnambulisme vrai, dans lequel la
notion du moi a complétement disparu.

même qu'il a les yeux complétement ouverts, présente quelques particularités constantes, qui lui donnent un cachet propre.

Le somnambulisme yeux ouverts n'est jamais primitif, et on l'observe toujours consécutivement à un état antérieur. Le plus souvent, il est secondaire au somnambulisme yeux fermés, et il suffit de relever simplement les paupières du sujet pour le produire [1] ; le réflexe ou le souffle intense sur les yeux pourront, dans quelques cas, le déterminer.

Le somnambulisme yeux ouverts sera quelquefois obtenu, consécutivement à la catalepsie, par le réflexe du vertex.

Enfin, dans quelques cas, la léthargie pourra faire place au somnambulisme yeux ouverts, par le réflexe du vertex ou par un souffle intense sur les yeux.

Dans l'état de somnambulisme yeux ouverts, les yeux sont largement ouverts, les paupières animées d'assez rares battements; les globes oculaires ne présentent pas cette fixité de la catalepsie, mais ils offrent quelque chose de hagard dans leur aspect. Il est cependant certains sujets chez lesquels la physionomie n'est aucunement changée, au point que l'on pourrait presque se demander si l'on ne se trouve pas en présence de l'état de veille.

---

[1] Ce fait est d'autant plus remarquable que le sujet, en somnambulisme yeux fermés, malgré tous ses efforts et malgré la puissance de la suggestion, est dans l'impossibilité absolue d'ouvrir ses yeux lui-même.

L'insensibilité des téguments est constante; nous ne l'avons jamais vue manquer dans cette variété de somnambulisme.

L'hyperesthésie des sens spéciaux se rencontre également avec tous ses caractères, comme nous l'avons décrite au somnambulisme yeux fermés. Le sens de la vue, même, par suite du relèvement des paupières supérieures, peut être bien plus facilement impressionné et devient le point de départ d'hallucinations et d'illusions de toute sorte, au gré de l'expérimentateur.

Les contractures par hyperexcitabilité neuro-musculaire se rencontrent constamment dans cet état : nous n'avons rien à ajouter à ce que nous avons dit ailleurs. Il en est de même des contractures par excitation superficielle de la peau, que l'on peut également provoquer, mais seulement chez les sujets catalepsiables.

Le sujet en état de somnambulisme yeux ouverts n'a *jamais* la notion du lieu où il se trouve, ni celle des personnes qui l'entourent, ce qui tient, comme dans le somnambulisme yeux fermés, à la perte de l'état de conscience; de plus, il s'illusionne constamment de lui-même. Les illusions qui frappent immédiatement ses yeux sont très-variables pour chaque somnambule : un tel se croira dans une vaste salle éclairée, tel autre dans une forêt ombragée, un autre sur le bord d'une rivière, etc. Ces impressions se retrouvent quelquefois, toujours les mêmes, chez un même sujet.

Nous avons vu que, en somnambulisme yeux fermés, le sujet n'offrait aucune spontanéité, ne réagissait que, lorsque l'observateur intervenait et était absolument passif, automatique, dans l'accomplissement des ordres qu'on lui intimait. Dans le somnambulisme yeux ouverts, au contraire, celui-ci jouit d'une sorte d'activité inconsciente et est animé d'un besoin incessant de se mouvoir; abandonné à lui-même, il se lève aussitôt, marche, va çà et là, met tous ses sens en jeu, et dans quelques cas même, peut opposer une certaine résistance à la volonté de l'expérimentateur, quand ce dernier lui intime certains ordres à accomplir.

De même que dans le somnambulisme yeux fermés, les suggestions de toute nature peuvent également être données au sujet; mais celui-ci, de plus, s'impressionne lui-même par ses propres yeux, qui, en raison de leur ouverture constante, sont une porte d'entrée continuellement accessible aux illusions et aux hallucinations. Ces impressions extérieures deviennent chez lui le point de départ de réactions spontanées[1], de véritables scènes mimées, facilitées par les réminiscences personnelles, et que l'observateur, véritable témoin muet, n'a qu'à constater, sans avoir besoin d'intervenir pour les provoquer.

Nous rapporterons les faits suivants comme exemples d'illusions et d'hallucinations spontanées. Deux sujets,

---

[1] Ces réactions ne sont pas spontanées, dans le sens absolu du mot, puisqu'il faut fatalement un point de départ (hallucination, illusion) pour les provoquer; nous voulons simplement indiquer, par ce mot, qu'elles se produisent en dehors de l'expérimentateur lui-même, qui, dans ces circonstances, n'a pas besoin d'intervenir.

Marie G... et A. L..., sont mis en somnambulisme, yeux
ouverts, et abandonnés à eux-mêmes. La première se
croit aussitôt dans un parterre, car elle s'écrie spontanément : « Ah! les belles fleurs! » et elle se baisse
comme pour en cueillir et faire un bouquet. Pendant
ce temps, A. L... se promène et croit marcher dans la
boue, car elle relève sa robe comme une personne qui
craint de se salir.

A un moment donné, les deux somnambules viennent
à se rencontrer. Un dialogue s'engage aussitôt, elles
font réciproquement connaissance, et continuent leur
promenade ensemble. Chemin faisant, elles arrivent
sur le bord d'un ruisseau : l'une d'elles aperçoit un serpent et veut s'enfuir, mais sa compagne, beaucoup plus
brave, s'avance, quoiqu'en tremblant, vers le reptile,
et l'écrase avec son pied. Tout en causant de choses et
autres, et admirant les beaux arbres et les oiseaux,
elles se plaignent d'être fatiguées et s'assoient sur
l'herbe au bord du ruisseau; M. G... y prend même un
bain de pied.

A ce moment, l'un des assistants de cette petite
scène s'avance vers les deux jeunes filles et veut leur
parler : A. L... a aussitôt une illusion, elle voit dans
cette personne un gendarme qui vient leur dire qu'il
est défendu de séjourner dans cette propriété où elles
sont assises, et qui les menace de leur faire un procès-
verbal. Remplie de frayeur, ainsi que sa camarade,
elle devient toute pâle, et toutes les deux se mettent à fuir et vont se blottir dans un coin de la salle.

J'interviens alors, et m'avançant vers elles, je leur suggère que je suis le propriétaire de ces lieux; je les rassure et les invite à venir se rafraîchir chez moi. Après l'ingestion de nombreuses liqueurs imaginaires, elles sont prises de sommeil, se couchent dans un hamac et s'endorment elles-mêmes dans un sommeil léthargique, d'où on les réveille ensuite en leur soufflant sur les yeux [1].

Le somnambulisme yeux ouverts peut cesser par le retour à l'état de veille, dans les mêmes conditions que le somnambulisme yeux fermés.

On le transformera en somnambulisme yeux fermés par la simple occlusion des paupières. Une occlusion plus prolongée, accompagnée d'une légère pression, déterminerait la léthargie; ce dernier état pourra, dans quelques cas, être provoqué par un souffle intense sur les yeux.

---

[1] N'y a-t-il pas quelque analogie, comme mécanisme, entre ces faits et ce qui se passe dans le rêve physiologique du sommeil normal? Ce dernier, il est vrai, est tout subjectif, purement psychique, et ne se manifeste à l'extérieur que par des paroles dans quelques cas, jamais par de véritables actions mimées: mais, néanmoins, pour se produire, il exige, ainsi que le rêve somnambulique, une impression préalable qui en devienne le point de départ. Cette impression, dans le rêve physiologique, a été perçue préalablement à l'état de veille, s'est emmagasinée dans le cerveau, et se revivifie ensuite, pendant le sommeil, pour devenir l'origine du rêve; dans le sommeil somnambulique, au contraire, l'impression se fait séance tenante et est fournie par une hallucination ou une illusion née sur place et qui devient immédiatement le point de départ d'une action mimée, véritable rêve extériorisé.

On produira également la léthargie par le réflexe du vertex, et, dans ces circonstances, une friction assez prolongée sera nécessaire[1].

§ II. — *Suggestions dans le somnambulisme*[2].

Illusions et hallucinations diverses. — Hallucinations unilatérales. — Perte des impressions sensorielles. — Hyperesthésie
cutanée. — Paralysies motrices. — Contractures. — Mouvements automatiques. — Suggestions viscérales. — Exemples
de scènes somnambuliques spontanées, ou dirigées par l'observateur. — Perte de l'identité et de la personnalité. — Suggestions d'ordres à accomplir. — Réveil par suggestion.

Avant d'entrer dans la description des suggestions que l'on donne dans le somnambulisme, et que l'on peut faire persister à l'état de veille (§ 3), nous tenons, encore une fois, à bien spécifier, afin d'enlever les moindres doutes qui pourraient subsister à cet égard dans quelques esprits, que la personnalité de l'obser-vateur n'est aucunement en jeu dans la production de ces suggestions. Tous ceux qui assistent à une séance d'hypnotisme peuvent intervenir, chacun à tour de

---

[1] Le sujet réagit de lui-même, dans quelques cas, de telle sorte qu'on est quelquefois difficilement maître de lui pour opérer cette friction : il suffira alors, pour le réduire à l'impuis-sance, de contracturer ses deux bras et de mettre également, par une extension brusque, ses jambes dans l'immobilisation absolue.

[2] Toutes les variétés de suggestions que nous allons rapporter ici, ainsi que celles qui feront l'objet du paragraphe suivant, sont également applicables à la catalepsie, lorsque, par les pro-cédés que nous avons indiqués, on voudra entrer en communi-cation avec le sujet.

rôle, et reproduire les mêmes phénomènes, en se substituant au premier expérimentateur : le sujet est un automate, agissant suivant les différentes excitations qui se produisent sur son organisme cérébral, et auquel le point de départ de ces excitations, et par conséquent l'expérimentateur qui les provoque, importe peu.

Un premier ordre de suggestions est constitué par les illusions et les hallucinations de toute sorte que l'on peut provoquer sur les sens spéciaux. A la volonté de l'observateur et sur sa simple affirmation, chaque objet pourra devenir, chez le sujet, le point de départ d'une fausse appréciation. On lui fera croire que les assistants sont des arbres, et on l'y fera grimper; qu'un tapis est un bassin, et il voudra s'y baigner; on lui donnera un morceau de bois pour une cigarette, une feuille de papier pour un portrait; on changera les visages des personnes en les faisant passer pour d'autres, etc. On fera respirer de l'ammoniaque pour un parfum quelconque, fait d'autant plus remarquable que l'hyperesthésie des sens est, comme nous l'avons vu, un des caractères du somnambulisme, et qu'elle se trouve ainsi momentanément détruite par l'effet de la suggestion. On pourra de même produire une illusion du goût, donner à un morceau de sucre une saveur amère, à de l'eau simple un goût de vinaigre, à du sulfate de quinine une saveur sucrée.

Les hallucinations des sens ne sont pas moins faciles à provoquer. On reproduira devant le sujet les images hallucinatoires de ses parents ou de personnes qu'il

connaît, en lui affirmant simplement qu'il les a devant
les yeux. On lui donnera des objets imaginaires, fleurs,
aliments, boissons, etc., qu'il sentira, mangera ou
ingurgitera, en manifestant des réactions en rapport
avec les soi-disant impressions perçues ; c'est ainsi
qu'en lui persuadant qu'il prise du tabac, on le verra
éternuer plusieurs fois ; en lui faisant avaler quelques
verres d'eau-de-vie imaginaires, on le verra tituber
comme une personne ivre.

On peut provoquer des hallucinations différentes de
chaque côté : pendant qu'on fera voir une fleur à un
œil, on pourra faire voir un oiseau à l'autre ; pendant
qu'une narine sentira une odeur agréable, l'autre aura
l'impression d'une odeur fétide, etc. C'est ainsi que,
chez certains sujets, chaque hémisphère cérébral pourra
être simultanément impressionné d'une façon absolument opposée, et manifester des réactions en rapport
avec ces impressions premières : on provoquera, par
exemple, devant l'œil droit du sujet l'hallucination
d'une personne amie à laquelle on lui fera envoyer un
baiser, tandis que du côté gauche on lui présentera un
personnage antipathique qui suscitera un sentiment de
répulsion sur la moitié correspondante du visage.

Si l'on interpose un prisme devant l'œil du sujet, ou
si l'on comprime simplement avec un doigt la partie
externe du globe oculaire, les illusions et les hallucinations sont aussitôt dédoublées [1].

_____

[1] Ce dédoublement par le prisme s'explique très-bien lorsqu'il
s'agit d'illusions, mais il devient plus difficile à comprendre

Il est très-facile, par la suggestion, de provoquer une cécité unilatérale ou complète; de persuader au sujet qu'il est seul, alors qu'un grand nombre de personnes l'entourent. On peut le rendre muet, sourd, le priver de l'odorat : il suffit, pour cela, de lui affirmer qu'il ne peut plus ni entendre, ni parler, ni sentir.

Du côté de la sensibilité cutanée, ainsi que du côté de la motricité, on provoquera des suggestions fort intéressantes. Nous savons, en effet, que la sensibilité des téguments disparaît généralement dans le somnambulisme : or, on peut, par la simple affirmation, détruire cette anesthésie et déterminer sur la peau, à volonté, des sensations de froid et de chaleur. Dit-on au somnambule que l'on est dans une mer de glace, on le voit aussitôt grelotter : le transporte-t-on, au contraire, sous les tropiques, on le fait immédiatement transpirer de chaleur [1].

On paralysera un membre, en disant au sujet que son bras ou sa jambe sont inertes et ne peuvent plus être remués; on déterminera, au contraire, une contracture en lui affirmant que ces mêmes membres sont roides et ne peuvent plus se détendre.

---

pour les hallucinations, où il n'y a là aucun objet extériorisé à invoquer. De plus, une hallucination peut fort bien être provoquée lorsque le sujet a les yeux fermés, et, dans ces cas, la pression digitale sur la partie externe des globes oculaires la dédouble également. Il se passe donc là un phénomène soit rétinien, soit cérébral, dont le mécanisme nous échappe, mais qui ne saurait être expliqué par l'objectivité d'une sensation.

[1] Notons que ces expressions ne sont pas prises au figuré, car il se produit de véritables troubles vaso-moteurs qui, dans ce dernier cas, amènent une sudation très-nette de la peau.

On produira de la même façon des mouvements automatiques : en lui ordonnant de battre des mains, de
trépigner sur place, il accomplira cet ordre sans inter-
ruption, jusqu'à ce qu'une nouvelle injonction, négative, vienne détruire l'effet de la premiére. On pourra
même, dans certains cas, faire accomplir ces mouvements rhythmés sans le secours de la parole : en prenant les mains du sujet, par exemple, et en les faisant
tourner trois ou quatre fois l'une autour de l'autre,
celui-ci continuera de lui-même ce mouvement automatique : la suggestion, dans ce cas, s'est produite
d'une façon muette, comme nous l'avons vu pour la
catalepsie.

La suggestion peut porter sur les organes splanchniques : en donnant un prétendu vomitif, on amènera
des nausées ; en donnant une pilule soi-disant purgative, on déterminera des envies d'aller à la garde-robe ;
nous avons pu également, par l'affirmation, provoquer
des envies d'uriner. En disant au sujet qu'on lui fait
une saignée, on le verra pâlir, et dans quelques cas
même, nous avons eu des menaces de syncope.

A l'aide de ces différentes suggestions, on peut créer
une série de petites scènes somnambuliques plus ou
moins mouvementées, suivant l'individualité propre
et la réaction plus ou moins vive de chaque sujet ;
l'observateur, du reste, modifiera et dirigera ces
scènes à son gré. Nous en citerons quelques-unes
comme exemples.

Nous emmenons Le... dans un jardin public où elle admire les cygnes qui se promènent sur le bassin. Puis, elle écoute la musique militaire qu'elle applaudit d'elle-même, une fois le morceau terminé. Nous lui faisons ensuite manger des gâteaux imaginaires et nous lui persuadons qu'ils sont empoisonnés : aussitôt elle a des coliques et des envies de vomir.

Nous suggérons à M. C... que nous sommes en ballon : elle sent alors que la tête lui tourne et elle a le vertige. Nous lui persuadons que les nuages nous entourent de tous côtés, et elle se met à grelotter; ses dents claquent et elle se plaint d'une sensation extrême de froid. Puis le ballon éclate, nous tombons sur le sol, et M. C... reste étendue inerte, sans pouvoir se relever, nous affirmant qu'elle a les deux jambes cassées.

A un autre sujet, Lam..., nous proposons une promenade en bateau et nous le faisons pêcher à la ligne : il annonce alors son engin, jette sa ligne dans l'eau, voit le bouchon s'enfoncer, et retire un poisson, en manifestant toute sa joie.

Nous disons à M. T... qu'elle est dans le paradis et qu'elle aperçoit les anges qui volent autour d'elle. Aussitôt son visage s'illumine, elle se met à genoux, les mains jointes, les yeux fixés en haut. — Nous lui suggérons alors que la scène change, et que le diable, tout en rouge, entouré de flammes, s'avance vers elle avec une grande fourche. A ces paroles, elle se relève subitement, le visage empreint d'une vive frayeur, et,

le corps rejeté en arrière, les bras en avant comme
pour chasser cette vision effrayante, elle s'écrie : « Oh!
je brûle! je brûle! chassez-le! »

Nous nous promenons avec M. Lb... dans un parterre
et nous faisons un bouquet de fleurs. Elle en aspire
les senteurs avec délice, quand, brusquement, nous lui
disons qu'il y a une guêpe qui voltige sur les fleurs du
bouquet : aussitôt elle le jette loin d'elle et se plaint
d'avoir été piquée à la lèvre par l'insecte. « Voyez,
comme ma bouche enfle, dit-elle, je ne peux déjà plus
parler! oh! comme cela me brûle! » Nous appliquons
sur cette piqûre de guêpe une drogue imaginaire, et
tous ces symptômes purement subjectifs sont bientôt
calmés.

« Heidenhain, de Breslau, ayant hypnotisé un étudiant en médecine, le conduisit par la pensée à l'amphithéâtre et lui ordonna de disséquer un cadavre.
Celui-ci se mit à l'œuvre, exécutant lentement, mais
avec la plus grande précision, tous les mouvements
qu'exigent l'ouverture d'un corps et la dissection des
organes. Puis le professeur le fit sortir de l'anatomie
et le conduisit, toujours par la pensée, au jardin zoo-
logique de la ville. Là, après une petite promenade
agréable, Heidenhain fit croire tout à coup à son étudiant que les lions s'étaient échappés. Tous ceux qui
purent assister à ce moment à la pantomime de l'étudiant épouvanté et voir l'expression de terreur panique
que prit sa physionomie, ne doutaient pas un seul
instant de la réalité de l'hallucination qu'il avait

devant les yeux. Pour éloigner cette vision effrayante, le professeur annonça qu'on allait tuer les lions et imita le bruit des coups de fusil; mais l'angoisse de l'étudiant hypnotisé était si forte, qu'il en tremblait de tout son corps. Après le réveil, il conserva un certain temps la sensation de frisson, et pendant dix minutes environ il se plaignit de sensations désagréables dans les membres [1]. »

A H. C... nous disons qu'elle est dans son pays, et aussitôt elle a une série de réminiscences : elle se croit successivement devant l'église, sur la place publique, retrouve des personnes de connaissance avec lesquelles elle entame la conversation.

On peut suggérer au somnambule la perte de son nom, de son identité, de sa personnalité, et même de son individualité. On le transformera en une autre personne, on changera son sexe, et dans beaucoup de cas, même, on pourra lui faire croire qu'il n'est plus un être humain, mais bien un animal, chien, bœuf, etc. (V. note A.)

Nous changeons V. P... en nourrice : alors elle berce son nourrisson et lui donne à téter. — Nous lui disons ensuite qu'elle est chef de gare, et se met aussitôt à crier : « Vos billets, s'il vous plaît! » puis s'adressant à un voyageur imaginaire, elle lui dit : « Vous avez un billet de troisième, et vous êtes descendu d'un compartiment de seconde; il faut me payer

---

[1] LADAME, *la Névrose hypnotique*, 1881, p. 88.

le supplément. » — Enfin, nous lui persuadons qu'elle est un mouton, et alors elle se met à quatre pattes et bêle [1].

Nous affirmons à A. L... qu'elle est un curé. Aussitôt elle monte sur un fauteuil, croyant monter en chaire, et s'écrie : « Mes très-chers frères! je vais vous prêcher sur la Passion..... »; mais elle n'en dit pas plus long, nous faisant alors remarquer qu'elle n'a pas préparé son discours. — Nous lui disons ensuite qu'elle est un chien. Elle se met à quatre pattes, et quand on fait mine de la frapper, elle fait entendre une sorte d'aboiement en essayant de mordre. — Nous lui disons : « C'est fini, vous n'êtes plus un chien, mais vous êtes tout en verre; faites attention en marchant à ne pas tomber ou à ne pas vous frapper, car vous vous briseriez en mille morceaux. » Et aussitôt A. L... a l'illusion de se croire en verre, car elle marche à pas comptés, évitant les chaises ou tous les obstacles qui pourraient la toucher. Nous voulons lui prendre la main : « Faites attention, s'écrie-t-elle, vous me casseriez! » Comme on le voit, les idées les plus extravagantes peuvent être suggérées au sujet : la disparition totale ou presque complète de l'état de conscience laisse la voie ouverte aux idées les plus déraisonnables.

M. Bernheim (loc. cit., p. 36) relate un cas analogue fort intéressant : « Je dis à Cl... : Tu es un enfant, va

---

[1] M. Ch. Richet, professeur agrégé à la Faculté de médecine, a signalé également plusieurs faits de cette nature. (Revue philosophique, 1880.)

jouer avec les gamins : le voilà qui se lève, saute, fait le geste de sortir des chiques de sa poche, les aligne convenablement, mesure la distance avec la main, vise avec soin, court les remettre en série, et continue ainsi indéfiniment son jeu avec une activité, une attention, une précision de détails surprenantes. Il joue de même à l'attrape, au saute-mouton, sautant successivement, en augmentant chaque fois la distance, par-dessus un ou deux camarades imaginaires, avec une facilité dont il ne serait pas capable à l'état de veille. — Je lui dis : Vous êtes général, à la tête de votre armée. Il se redresse, s'écrie : En avant! balance son corps comme s'il était à cheval. — Je lui dis : Vous êtes un brave et saint curé. Il prend un air illuminé, regarde le ciel, marche de long en large, lisant son bréviaire, faisant le signe de croix, le tout avec un sérieux et une apparence de réalité qui défient toute idée de simulation, etc. »

Nous avons dit que le sujet, en état de somnambulisme, surtout yeux fermés, était pour ainsi dire l'esclave de l'expérimentateur et réagissait d'une façon automatique aux ordres qu'on lui donnait. Sur injonction, on le verra se transpercer la peau avec une épingle, se mettre les mains sur des charbons ardents, etc.; on le verra se précipiter avec violence sur une personne hallucinatoire qu'on lui aura ordonné de tuer.

Une des suggestions les plus curieuses est celle du *réveil :* en intimant au sujet, d'une voix impérative, l'ordre de se réveiller [1], on le voit se frotter les yeux, cligner quelques secondes, regarder avec étonnement autour de lui, et le réveil par suggestion est constitué. Dans d'autres cas, on peut rendre plus net encore le passage de l'état hypnotique à l'état de veille, à l'aide du procédé suivant, que nous empruntons à M. Bernheim et que nous avons nous-même répété maintes fois : on dit au sujet de compter tout haut jusqu'à un certain chiffre, jusqu'à cinq par exemple, et de se réveiller brusquement lorsqu'il sera arrivé à ce chiffre ; ce qui a lieu dans la plupart des cas. Ou bien encore, on lui suggère de se réveiller au chiffre cinq, et de compter ensuite, une fois réveillé, jusqu'à dix : le sujet se rappelle simplement, dans ce cas, qu'il a compté de cinq à dix, puisque de un à cinq il était dans l'état hypnotique, qui ne laisse aucun souvenir auprès de lui.

Nous avons été fort incomplet dans la description des phénomènes suggestifs qui peuvent être produits dans le somnambulisme; il suffit, néanmoins, d'avoir tracé quelques jalons pour que chaque expérimentateur puisse multiplier et varier à son gré les nombreuses suggestions qu'il voudra provoquer : le terrain est assez vaste, et le champ expérimental, en cette matière, ne connait pas de limites.

. [1] Quelquefois il est nécessaire de lui redonner la notion des lieux où il se trouve. -

§ III. — *Suggestions provoquées pendant le somnambulisme et persistant ou se produisant à l'état de veille.*

Illusions et hallucinations à échéance plus ou moins longue. — Suggestions portant sur la sensibilité, la motricité, les organes splanchniques, etc. — Impulsions irrésistibles; idées fixes.

Les différentes suggestions que nous venons d'étudier dans le paragraphe précédent ne durent qu'autant que persiste l'état hypnotique lui-même, et disparaissent aussitôt le réveil obtenu. Mais si l'on a soin de commander au sujet, avec une certaine autorité, qu'une suggestion donnée pendant le somnambulisme[1] persiste à l'état de veille, ou bien se crée d'emblée après le réveil, cet ordre sera accompli avec une précision presque constante. De plus, dans tous les cas, *l'auteur de la suggestion restera absolument ignoré du sujet.*

Toutes les illusions et hallucinations des différents sens, que nous avons signalées plus haut, peuvent persister ou se développer après le réveil. Il suffira de dire au somnambule : « Quand vous serez réveillé, vous verrez une fleur à votre boutonnière; — vous caresserez un oiseau; — vous aurez à la main un gâteau

---

[1] La léthargie n'est pas un obstacle à la persistance ou à l'accomplissement d'une suggestion à l'état de veille. Il arrive souvent, en effet, qu'en soufflant sur les yeux du sujet pour le réveiller, on transforme le somnambulisme en léthargie, au lieu d'obtenir le réveil. Or, en soufflant de nouveau sur les yeux du sujet en état léthargique, on provoque cette fois-ci le réveil, et la suggestion donnée pendant le somnambulisme ne s'accomplit pas moins avec sa même fatalité.

que vous mangerez ; vous aurez un bracelet au poignet,
— une bague au doigt, etc., etc. », pour que celui-
ci, une fois revenu à l'état de veille, ait aussitôt l'une
des diverses hallucinations précédentes, qui lui aura été
suggérée.

Il en est de même des images de personnes soit
mortes, soit vivantes, que l'on pourra, de la même
façon, faire revoir en hallucinations[1].

Les illusions ou hallucinations persistantes sont également susceptibles d'être dédoublées par le prisme ou
la pression à l'angle externe de l'œil.

La durée de ces hallucinations est extrêmement
variable. Lorsqu'on les produit pour la première fois
chez un sujet, elles sont généralement courtes, et au
bout de vingt à trente secondes, elles disparaissent.
Mais à mesure que les sujets sont entraînés par une
série d'hypnotisations, et en ayant soin, surtout, de
bien spécifier leur durée avant de provoquer le réveil,
on arrive à faire persister ces hallucinations pendant
plusieurs heures et même deux ou trois jours, malgré
des périodes intermédiaires de sommeil normal. C'est
ainsi qu'à la nommée S. B... nous avons fait voir l'image
de sa mère pendant trois jours, et la nuit, lorsqu'elle
se réveillait, elle l'avait également devant les yeux.

Nous disons à M. T... que, lorsqu'elle sera réveillée,
elle se trouvera seule dans un jardin, assise sur un

---

[1] C'est ainsi que certaines nécromanciennes ou certains spirites évoquent les prétendues âmes de personnes mortes, qu'ils
font voir en hallucinations posthypnotiques.

banc de gazon et travaillant à son crochet, tout en entendant chanter les oiseaux autour d'elle. Puis, au bout de cinq minutes, elle verra arriver un gros chien et s'enfuiera effrayée. — C'est ce qui a lieu, en effet, une fois le réveil obtenu : M. T... se croit seule, ne voit aucunement les assistants qui sont autour d'elle. On peut interposer la main entre ses yeux et son ouvrage, sans que cela l'empêche de travailler, ou bien lui parler fortement aux oreilles sans qu'elle entende ; une piqûre même, faite sur son front avec une épingle, n'est pas sentie. De temps en temps, elle s'écrie : « Fait-il chaud ici ! » ou : « Ah ! que ces oiseaux chantent bien ! » Quatre minutes se passent ainsi, quand, tout à coup, elle fait un mouvement de frayeur et pousse un cri : « Ah ! le vilain animal ! » exclamation qui correspond évidemment à la vue d'un chien qui lui fait peur. A partir de ce moment, l'effet de la suggestion est terminé, et M. T... se rappelle complétement, à l'état de souvenir, toute la petite scène que nous venons de raconter.

M. Bernheim a également observé des hallucinations négatives fort intéressantes. « Un jour, dit-il, je me trouvais chez le Dr Liébeault : il suggère à une femme endormie, nullement hystérique, qu'à son réveil elle ne me verrait plus, je serais parti, ayant oublié mon chapeau. Avant de partir, elle prendrait mon chapeau, le mettrait sur sa tête et l'apporterait à mon domicile. — Quand elle se réveilla, je me plaçai en face d'elle. On lui demande : « Où est le docteur Bernheim ? »

Elle répondit : « Il est parti; voici son chapeau. » Je lui dis : « Me voici, madame, je ne suis pas parti, vous « me reconnaissez bien. » Elle ne répondit rien. Au bout de cinq minutes, après avoir laissé la première impression s'effacer, je m'assis à côté d'elle et lui demandai : « Y a-t-il longtemps que vous venez chez M. Lié- « beault? » Elle ne me répondit rien, comme si elle ne m'avait vu ni entendu. Une autre personne lui fit la même question. Elle répondit immédiatement : « Depuis « quinze jours. » Là dessus je continuai : « Et vous allez « mieux, madame, n'est-ce pas, depuis ce traitement? » Même silence. Réponse à la personne voisine. Je mis mes mains devant ses yeux pendant deux minutes; elle ne sourcilla pas, je n'existai pas pour elle. Enfin quand elle partit, elle prit mon chapeau, s'en couvrit la tête et sortit. M. Liébeault la suivit dans la rue et lui rede- manda le chapeau, disant qu'il se chargeait lui-même de me l'envoyer. » (*Loc. cit.,* p. 26.)

Les hallucinations peuvent être suggérées pendant le somnambulisme pour se développer à une échéance plus ou moins longue. A G... nous suggérons de nous demander au bout de huit jours la fleur que nous aurions à notre boutonnière, ce qui fut ponctuelle- ment exécuté : bien entendu, nous n'avions aucune fleur et l'hallucination s'était donc produite à huit jours de distance; il faut ajouter que G... n'y avait nul- lement songé pendant tout ce temps.

Nous hypnotisons Ch... à neuf heures du matin et nous lui disons que le soir lorsqu'elle se couchera, elle verra quelqu'un caché sous son lit. Jusqu'au soir, Ch... ne pense nullement à la suggestion donnée; ce n'est qu'en se couchant vers neuf heures et demie, qu'elle aperçoit un homme blotti sous son lit et qu'elle s'enfuit en poussant des cris, au grand étonnement de ses compagnes de dortoir, qui ne savent à quoi attribuer cette frayeur subite. Au bout de dix minutes, Ch... remonté dans son dortoir et a de nouveau la même hallucination; ce ne fut qu'à la troisième fois, un quart d'heure après, que celle-ci disparut complétement.

Nous disons à S. R... en somnambulisme que la première fois qu'elle nous verrait, nous serions accompagné de notre ami C... qu'elle connait parfaitement. Trois jours après, nous nous avançons vers elle (inutile de dire que nous étions seul), et elle s'écrie d'elle-même, en s'adressant à une personne imaginaire qu'elle croyait à nos côtés : « Comment allez-vous, monsieur C...? Voici longtemps que je ne vous avais vu. » Ces paroles ne sont pas plutôt dites que l'hallucination a disparu. Pendant tout le temps qui s'était écoulé depuis le moment ou la suggestion avait été donnée, jusqu'à celui où elle s'était accomplie, S. R. y avait constamment pensé.

C'est qu'en effet, la manifestation de la suggestion se fait de deux façons différentes. Tantôt celle-ci sommeille, pour ainsi dire, dans les cellules cérébrales du sujet, pour se réveiller à l'époque déterminée, agissant dans ces cas comme une véritable action réflexe; tantôt, au contraire, elle agit comme une obsession, tourmentant le sujet jusqu'au moment ou elle va s'accomplir.

La paralysie ou la contracture d'un membre pourra persister, ou se développer seulement après le réveil si l'on fait l'injonction dans ce sens. Il en est de même de la sensibilité que l'on abolira complétement sur une partie du corps, quelle qu'elle soit, où que l'on pourra pervertir, au contraire, de plusieurs façons. On déterminera, par exemple, un prurit intense en affirmant au sujet qu'il a des démangeaisons, et on le verra, une fois réveillé, se gratter avec fureur, sans qu'il se doute de l'auteur de cette mauvaise plaisanterie. — A une de nos somnambules, H. C..., nous avions persuadé qu'elle avait une plaie saignante au bras droit, qu'elle la verrait après son réveil, et qu'elle la garderait pendant long-temps. Aussitôt réveillée, elle se plaint de souffrir horriblement du bras, relève sa manche, nous montre sa plaie imaginaire et demande ce qu'il faut mettre dessus, pour la panser. Pour la laisser dans son illusion, nous lui faisons un pansement en règle.

La durée de ces phénomènes est difficile à apprécier, car on comprend qu'il n'est guère facile de prolonger outre mesure une paralysie ou une contracture : bien peu de sujets se prêteraient à ce genre d'expériences. Toutefois, nous avons vu persister une anesthésie complète du bras gauche pendant quarante-huit heures.

Pour détruire ces dernières suggestions, il suffit le plus souvent d'*affirmer* au sujet, à l'état de veille, que tout a disparu. Mais dans beaucoup de cas, cependant, on est obligé de le replonger dans l'état hypnotique, et l'on voit alors la paralysie ou la contracture se réduire d'elle-même ; quelquefois, même, il est nécessaire de donner une nouvelle suggestion négative, pour arriver à ce résultat.

On déterminera de la même façon la surdité, la cécité, la mutité, le daltonisme, etc.

De même que pour les hallucinations, on peut produire ces différents phénomènes à une échéance délimitée. C'est ainsi que nous disons le matin à Ch..., en somnambulisme, qu'elle aura son bras droit paralysé le soir, en se couchant, au moment où elle voudra commencer à se déshabiller : c'est ce qui eut lieu en effet, et la paralysie dura environ vingt minutes. Pendant toute la journée, le sujet n'avait nullement pensé à ce qui allait lui arriver le soir. — A une autre, M. T..., nous suggérâmes une surdité complète qui surviendrait à quatre heures du soir : à l'heure fixée, le sujet était absolument sourd, mais, à l'encontre du précédent, il avait pensé, jusqu'au moment indiqué, à l'infirmité qui allait survenir chez lui.

On pourra faire persister les suggestions viscérales : un tel aura, toute la journée, une soif intense qu'on lui aura suggérée pendant l'état hypnotique ; un autre aura envie d'uriner ou d'aller à la garde-robe [1]. Nous avons pu déterminer, chez Marie T..., des troubles vaso-

---

[1] Taguet (*loc. cit.*) rapporte le cas d'une hystérique atteinte d'une constipation opiniâtre, et que l'on faisait aller à la selle, à l'état de veille, lorsqu'on lui avait donné en somnambulisme une pilule purgative imaginaire.

moteurs fort curieux qui prouvent jusqu'à quel point peut aller la puissance de la suggestion. Entre deux époques menstruelles, nous lui avions inculqué, en somnambulisme, l'ordre d'avoir ses règles dans les quarante-huit heures : or, cette jeune femme, qui était fort bien réglée habituellement, et qui n'avait jamais eu de flueurs blanches, eut, dès le lendemain, sous l'influence de cette suggestion, une leucorrhée extrêmement abondante, qui ne persista pas du reste. Comme on le voit, il s'était produit une congestion utérine très-vive, qui n'avait pu aller jusqu'à l'hémorrhagie cataméniale, mais qui avait provoqué une sécrétion très-active des glandes muqueuses. — Chez ce même sujet, nous déterminions après le réveil, par la suggestion hypnotique, des sueurs localisées, à tel endroit de la peau qu'il nous plaisait.

Nous avons vu, au chapitre précédent, que rien n'était plus facile que de faire perdre au somnambule la notion de son identité, et de lui persuader, par exemple, qu'il s'appelait d'un tout autre nom que le sien. Or on peut, en en faisant l'injonction avant de provoquer le réveil, faire persister également à l'état de veille, pendant quelques minutes, cette perte de la notion du nom.

Il en est de même pour la notion de l'individualité que l'on pourra, dans quelques cas, faire perdre jusqu'à un certain point au sujet, après le réveil. C'est ainsi que, pendant le somnambulisme, nous transformerons S. R... en caniche, du nom d'Azor, et que nous lui ordonnons de persister dans cette transformation, lorsqu'elle sera réveillée... On la voit alors, à l'état de veille, regarder autour d'elle avec des yeux hagards, restant absolument muette aux paroles qu'on lui adresse ; mais si l'on prononce le mot « Azor », elle se retourne aussitôt vers celui qui l'appelle... ; on lui fait « donner la patte », et en simulant le geste de la frapper, on l'entend pousser quelques grognements plaintifs. Nous nous empressons de faire disparaître cet état, bien digne de figurer dans la théorie de la métempsycose, et S. R... nous raconte alors qu'elle se voyait parfaitement sous la forme d'un chien, tout en ayant conscience cependant qu'elle était un être humain : ne sachant pas quelle était la cause de cette transformation, elle en était extrêmement affectée, ayant envie de pleurer et ne le pouvant pas, voulant parler et étant dans l'impossibilité d'émettre le moindre mot.

D'autres suggestions aussi extravagantes peuvent être données au sujet, et persister à l'état de veille. Nous disons à A. L... : « Lorsque vous serez réveillée, vous serez tout étonnée de vous trouver faite en cire. » Réveillée, elle se regarde avec un air de surprise. Nous voulons approcher de son bras une allumette enflammée..., elle se retire vivement en s'écriant : « Ne faites pas cela, vous allez me faire fondre ! »

Il est surtout une variété de suggestions qui peuvent, sur l'injonction de l'expérimentateur pendant l'état hypnotique, se développer ensuite à l'état de veille, à une échéance plus ou moins longue, et qui présentent un intérêt tout particulier : nous voulons parler des idées fixes et des impulsions irrésistibles.

A M. L... nous ordonnons d'enlever à son réveil notre chapeau de notre tête et de le mettre sur celle d'une statuette. — A L. F... nous suggérons qu'une fois réveillée, elle se lavera les mains dans une cuvette. Voyant que nous la regardons faire, elle cherche à expliquer son action en disant qu'elle vient de se salir les mains avec du charbon.

Nous disons à J. D... : « Quand vous serez réveillée, vous prendrez le livre qui se trouve sur la table à côté de vous, et vous l'ouvrirez à la page 17. Là, vous lirez une histoire où se trouve le mot « campagne », et à propos de ce mot vous ferez la réflexion suivante : « Oh! « comme il fait beau aujourd'hui! Je voudrais bien aller « me promener à la campagne. » Quand J. D... fut revenue à l'état de veillé, elle regarda sur la table, y vit le livre en question, le prit et l'ouvrit à la page 17. Puis après avoir lu quelques instants, elle nous regarda en disant : « Ce livre parle de campagne... Je voudrais bien aller m'y promener, à la campagne, aujourd'hui...; mais je n'ai pas le temps, il faut que je travaille. » La suggestion, comme on le voit, s'était accomplie dans toute sa rigueur, car si la phrase suggérée n'a pas été reproduite textuellement par le sujet, le sens en a été du moins absolument respecté.

Nous ordonnons à M. T..., en somnambulisme, d'aller rendre une visite, dans trois jours, à une dame Fum... qu'elle ne connaît nullement et dont nous lui

donnons l'adresse. Trois jours après, l'ordre est ponctuellement exécuté ; et lorsque madame F... demanda à
M. T... quelle était la raison qui l'avait engagée à venir
la voir, puisqu'elle ne la connaissait pas, celle-ci répondit qu'elle avait entendu parler d'elle, et qu'elle désirait
prendre de ses nouvelles [1].

C'est qu'en effet, tout en exécutant ponctuellement
l'ordre qui leur a été donné, et dont ils ignorent l'auteur, les sujets, dans beaucoup de cas, cherchent à
expliquer l'action qu'ils accomplissent en inventant
une raison plus ou moins plausible. Dans d'autres cas,
au contraire, ils exécutent l'injonction donnée sans la
discuter, et comme s'ils étaient mus par une force
irrésistible. — C'est ainsi qu'à J. L... nous ordonnons de
prendre, à son réveil, un balai, et de le passer sur les
carreaux d'une fenêtre. Nous lui faisons alors remarquer que ces carreaux sont très-propres, et elle nous
répond qu'elle ne sait pas pourquoi elle les nettoie, que
c'est une idée qui l'a prise d'agir ainsi.

Nous ordonnâmes à une nommée Léo d'aller, le
lendemain, donner un soufflet à un de nos amis, fort
incrédule en matière d'hypnotisme et fort consentant,
du reste, à ce genre d'expériences : l'ordre fut ponctuellement exécuté, à la grande honte du sujet, une fois
qu'il l'eut accompli.

On peut provoquer une suggestion à une échéance
relativement très-longue. Nous ordonnons, pendant le

---

[1] M. Ch. Richet (*Rev. philos.* 1883) a également rapporté des
faits de suggestions posthypnotiques à longue échéance.

somnambulisme, à la domestique d'une personne chez laquelle nous avions l'habitude d'aller diner tous les quinze jours, que lorsqu'elle viendrait nous ouvrir, à la porte, quinze jours plus tard, elle ne pourra s'empêcher de nous frapper. Ce fut en effet ce qui arriva : aussitôt que nous eûmes tiré la sonnette et que la porte se fut ouverte, la domestique se précipita sur nous et nous administra une telle série de horions, que nous perdimes pour longtemps l'envie de recommencer une semblable expérience. Nous devons ajouter que cette jeune fille, fort bien élevée du reste, fut toute honteuse de l'acte qu'elle venait d'accomplir, et après lequel elle se mit à fondre en larmes, en nous demandant pardon, et en nous disant qu'elle avait agi sous l'influence d'une force qu'elle ne pouvait étouffer. Or, pendant les quinze jours qui s'étaient écoulés depuis le moment où la suggestion avait été donnée jusqu'à celui où elle s'était développée, le sujet n'avait nullement pensé à l'action qu'il accomplirait lorsqu'il nous verrait. (Il eût été intéressant de savoir si la suggestion aurait eu lieu, en nous présentant le quatorzième ou le seizième jour.)

Nous avons pu donner des suggestions à une échéance d'un mois. J. L... est venu, au bout de ce temps, nous réclamer un bouquet de fleurs que nous lui avions promis, pendant l'état hypnotique. Pendant toute cette durée, cette idée fixe persistait, malgré de nombreuses hypnotisations intercurrentes.

Nous avons enfin déterminé des suggestions intermittentes. Une de nos somnambules nous donnait une épingle tous les trois jours (et cette intermittence a persisté pendant un mois) ; — une autre nous demandait tous les huit jours l'heure de notre montre.

Les suggestions peuvent porter sur les sentiments affectifs. C'est ainsi qu'on fera, dans certains cas, détester une personne amie, ou, au contraire, aimer une personne détestée. — A une jeune infirmière, fort gentille, J. L..., nous ordonnons d'aimer, lorsqu'elle sera réveillée, le garçon de la salle des morts, auquel, dans tout l'hôpital, s'attache un prestige qui tient assurément plus de la répulsion que du charme. Aussitôt réveillée, J. L... se met à pleurer, refusant absolument de nous dire la cause de ses larmes. Pressée de questions, elle finit enfin par nous avouer qu'elle est attirée par une force qui la domine, vers le garçon d'amphithéâtre, qu'elle trouve cependant « sale et dégoûtant » (ce sont ses propres expressions). Nous nous empressons de l'hypnotiser de nouveau et de laver à grande eau, par une suggestion négative, cette impulsion irrésistible si anormale.

A l'encontre du sujet précédent, nous persuadons, pendant l'état hypnotique, à Mig..., fiancée depuis quelque temps, que son futur époux est laid et qu'elle ne l'aime pas, en lui ordonnant que ces sentiments persistent à son réveil. Il est alors fort curieux d'entendre Mig... qui, tout à l'heure, nous faisait l'éloge de son fiancé, nous dire maintenant qu'il n'est pas si bien que cela (*sic*), et qu'elle ne sait pas si elle se mariera. La durée de cette impression fut environ de dix minutes, après lesquelles elle s'évanouit d'elle-même [1].

Il est un fait extrêmement curieux, que l'on observe quelquefois lorsqu'on veut provoquer une suggestion en désaccord avec les idées ou la personnalité du sujet. Il arrive en effet, dans ces cas, que celui-ci résiste aux ordres qu'on lui inculque, en refusant de les exécuter : or, une fois le réveil obtenu, et malgré l'opposition formelle faite par le sujet, pendant le somnambulisme, aux injonctions de l'expérimentateur, celles-ci n'en sont pas moins fidèlement et fatalement exécutées.

A quoi tient cette contradiction dans la réaction différente du sujet en somnambulisme et à l'état de veille ? Faut-il l'attribuer à un état subconscient qui, si faible qu'il soit, laisse au sujet un vestige de personnalité consciente, en vertu duquel celui-ci possède encore un élément de lutte morale, de réaction volontaire, lorsqu'un tiers (l'expérimentateur) veut lui ordonner des actions qu'il considère comme blâmables ou répressibles ? — Ou bien ne faut-il pas plutôt voir simplement, dans ce phénomène, l'action automatique de certaines fonctions cérébrales (l'association des idées, par exemple), qui viennent pendant la phase somnambulique combattre et réfréner l'état de passivité suggestive [2] ? Mais dès que le sujet est réveillé, il a com-

---

[1] On pourrait ainsi, par la suggestion posthypnotique, faire cesser certaines sympathies anormales qui, par une sorte d'aberration physiologique, s'établissent entre certaines femmes.

[2] L'hypnotisé, en effet, n'a pas besoin de jouir de l'état de

plétement perdu le souvenir de ce qui s'est passé
pendant l'état hypnotique, et l'auteur de la suggestion
lui est absolument inconnu : son cerveau s'est approprié cette suggestion, et la volonté de l'expérimentateur est devenu pour ainsi dire *sienne*. Il n'y a donc,
dés lors, rien d'étonnant à ce qu'il ne réagisse plus
contre une force entée sur son organe cérébral, force
qu'il considère comme personnelle et née sur place, et
qui le domine fatalement.

conscience pour associer d'une façon automatique l'idée de
répression avec l'idée du mal à accomplir, absolument comme
le ferait un animal inférieur, un chien par exemple, en refusant
toutefois. ce qui est loin d'être démontré, la conscienciosité à
ce dernier animal.

CHAPITRE VI

SÉRIATION DES DIFFÉRENTS ÉTATS HYPNOTIQUES.

PREMIER GROUPE. — Sujets catalepsiables. — *Première série.* — Catalepsie, léthargie, catalepsie secondaire ou somnambulisme, etc. — *Deuxième série.* — Léthargie, catalepsie, léthargie secondaire ou somnambulisme, etc. — *Troisième série.* — Léthargie, somnambulisme, catalepsie, etc. — *Quatrième série.* — Somnambulisme, catalepsie ou léthargie, etc. — DEUXIÈME GROUPE. — Léthargie ou somnambulisme, ou inversement. — TROISIÈME GROUPE. — Somnambulisme yeux fermés. — Chez les sujets du premier groupe, le processus physiologique de l'hypnotisme se fait dans l'ordre suivant : catalepsie, somnambulisme, léthargie. — Chez les sujets du deuxième groupe, le somnambulisme précède toujours la léthargie, qui représente le dernier degré de l'échelle hypnotique.

Nous savons que les sujets hypnotisables peuvent être divisés en trois groupes, suivant les différents états qu'ils présentent. Dans le premier groupe, on note la série complète, léthargie, catalepsie, somnambulisme ; dans le second, la léthargie et le somnambulisme ; dans le troisième, le somnambulisme seulement.

Chez les sujets du PREMIER GROUPE (sujets catalepsiables), la première manifestation de l'hypnotisme est toujours la catalepsie. On peut ici varier les expériences suivant plusieurs modes.

Première série. — Le sujet est mis en catalepsie primitive par un procédé quelconque. Dans cet état, si l'on souffle faiblement sur les yeux, si l'on pratique le réflexe du vertex ou l'occlusion des paupières, on produit la léthargie.

La léthargie pourra être transformée en somnambulisme yeux fermés par le réflexe du vertex, ou en catalepsie secondaire par l'ouverture des yeux.

Le somnambulisme yeux fermés fera place au somnambulisme yeux ouverts par le relèvement des paupières [1], par le souffle fort sur les yeux.

A partir de ce moment, la transformation et la succession des différents états hypnotiques se feront suivant les mêmes procédés que nous avons exposés [2].

Deuxième série. — On détermine, par un procédé quelconque, la léthargie comme premier état.

En ouvrant alors les yeux du sujet, on obtient la catalepsie [3].

Cette catalepsie, en soufflant faiblement sur les yeux du sujet, en pratiquant le réflexe du vertex ou l'occlusion des paupières, fera place, soit à la léthargie, soit au somnambulisme yeux fermés [4].

---

[1] Dans quelques cas rares, on pourrait obtenir de nouveau la catalepsie par ce procédé.

[2] Une contracture provoquée pendant une phase hypnotique quelconque persiste le plus souvent dans la phase qui lui succède; quelquefois, cependant, elle se rompt d'elle-même au moment où le sujet passe d'une phase à l'autre.

[3] Cette catalepsie qui, dans la série d'expériences où nous nous plaçons, paraît primitive, est en réalité secondaire, puisque la léthargie, chez les sujets catalepsiables, est toujours précédée de l'état cataleptique.

[4] Il est curieux de noter également ici la production de deux

A cette léthargie secondaire, succédera le somnambulisme par le réflexe du vertex, quelquefois par le souffle fort sur les yeux.

Le somnambulisme yeux fermés se changera en somnambulisme yeux ouverts, par le relèvement des paupières; en léthargie, par le réflexe du vertex.

La succession des phénomènes se fera ensuite suivant les procédés habituels.

Troisième série. — Le sujet est mis, comme tout à l'heure, en léthargie. Par le réflexe du vertex on transforme cette léthargie en somnambulisme yeux fermés. Puis, si l'on relève les paupières, on aura la catalepsie; le réflexe du vertex aurait redonné la léthargie.

Quatrième série. — Ici, le premier état apparent que l'on détermine est le somnambulisme. Celui-ci fait place à la catalepsie par le relèvement des paupières, et à la léthargie par le réflexe du vertex ou l'occlusion avec pression légère des globes oculaires. Comme phénomènes consécutifs, aux états de léthargie succédera la catalepsie; à ceux de somnambulisme yeux fermés, le somnambulisme yeux ouverts.

Chez les sujets du SECOND et du TOISIÈME GROUPE, c'est-à-dire chez ceux qui ne présentent jamais de catalepsie, la sériation des états hypnotiques est tellement simple, que nous n'avons pas à y insister. Chez

états différents par un même procédé. Il est probable qu'il s'agit là d'une question de nuance insaisissable dans l'intensité du procédé, si l'on en juge par l'occlusion des paupières avec légère pression qui, suivant qu'elle est plus ou moins prolongée, provoque le somnambulisme ou la léthargie.

les premiers, le phénomène initial sera constitué par le somnambulisme yeux fermés[1]. On transformera cet état en léthargie soit par le réflexe du vertex, soit par une légère pression des globes oculaires; on obtiendra au contraire le somnambulisme yeux ouverts en relevant simplement les paupières supérieures. On transformera, inversement, la léthargie en somnambulisme, par le réflexe du vertex.

Chez les sujets du TROISIÈME GROUPE, qui ne présentent que le somnambulisme yeux fermés, la seule transformation que l'on puisse obtenir sera le somnambulisme yeux ouverts par le relèvement des paupières.

Nous avons vu qu'un même procédé pouvait, dans la détermination d'un état primitif, produire des effets différents. Est-il possible d'expliquer ce phénomène et de dire pourquoi l'occlusion des paupières, par exemple, peut provoquer primitivement, soit la catalepsie, soit le somnambulisme, soit la léthargie? Résoudre ce problème, c'est expliquer le mode suivant lequel se fait le processus hypnotique, à mesure que la somniation s'établit. C'est ce que nous allons essayer d'interpréter, en allant du simple au composé, et en examinant tout d'abord ce qui se passe chez les sujets du deuxième et du troisième groupe, c'est-à-dire chez ceux qui ne présentent jamais la catalepsie. Or, des expériences répétées maintes fois chez le même sujet et chez des sujets

---

[1] A la condition, toutefois, de ne pas prolonger outre mesure le procédé, ce qui donnerait la léthargie.

différents nous ont permis d'observer que, dans ce cas, le somnambulisme était toujours l'état initial : lorsqu'on croyait obtenir d'emblée la léthargie, c'est que l'on prolongeait trop longtemps le procédé opératoire, mais, en réalité, cet état succédait toujours au somnambulisme passé inaperçu.

Si l'on a soin, en effet, de ne pas prolonger outre mesure le procédé employé (pression du vertex, fixation des yeux, occlusion des paupières), c'est presque toujours le somnambulisme yeux fermés que l'on déterminera d'emblée ; en repratiquant ensuite les mêmes procédés[1] pendant quelques secondes de plus, on transformera cet état de somnambulisme en léthargie, et l'on aura, de la sorte, assisté aux deux phases progressives de la somniation.

Il en est de même pour les sujets du premier groupe, c'est-à-dire pour ceux qui peuvent être mis en catalepsie. Chez ceux-ci, comme nous l'avons souvent répété, la catalepsie est toujours le premier état observé, à la condition, toutefois, que l'on sache saisir le moment immédiat de son apparition. Puis, l'état qui lui succède habituellement, ou qui semble l'établir d'emblée quand celle-ci est passée inaperçue, est la léthargie. Or, ici, comme chez les sujets du second groupe dont nous avons parlé tout à l'heure, cet état de léthargie ne s'est établi qu'après avoir été précédé

---

[1] Excepté la fixation des yeux, qui ne pourrait produire la léthargie chez un sujet en état de somnambulisme. Nous avons également noté ce fait curieux pour la catalepsie.

par une phase de somnambulisme; mais cette phase somnambulique, transitoire entre la catalepsie et la léthargie, est tellement courte dans certains cas, qu'elle peut passer inaperçue : il semble que, dans ces cas, le fait seul d'être catalepsiable imprime au sujet une sensibilité hypnotique telle, que les différents procédés hypnogènes employés lui font franchir les trois phases de la somniation avec une si grande rapidité, que l'on arrive souvent au maximun de la progression (léthargie), sans pouvoir saisir la phase intermédiaire (somnambulisme).

Dans plusieurs cas, cependant, chez des sujets catalepsiables, nous avons pu saisir et fixer cette phase de somnambulisme, ce qui suffit pour démontrer le principe que nous affirmons.

CHAPITRE VII

L'HYPNOTISME CHEZ LES HYSTÉRIQUES.

Les manifestations hypnotiques sont absolument les mêmes chez les sujets sains que chez les hystériques. — Observations tendant à infirmer quelques idées jusqu'alors reçues en matière d'hypnotisme.

C'est à M. Charcot et à ses élèves que l'on doit d'avoir les premiers, depuis 1878, bien étudié les phénomènes hypnotiques chez les hystériques, et d'avoir tracé à grands traits la description des différentes phases de l'hypnotisme, qu'ils considèrent, à tort selon nous, comme une névrose. Comme les travaux de ces observateurs nous ont guidé dans les recherches expérimentales que nous avons pratiquées sur les sujets sains, nous pensons qu'il serait peut-être intéressant de comparer, d'une façon succincte, les différents résultats que nous avons observés avec ceux que l'on constaterait chez les hystériques hypnotiques.

Or, cette comparaison montre quelques points divergents dans les caractères principaux des états hypnotiques, chez les deux groupes de sujets qui nous occupent : nous allons exposer, sous forme de tableau, ces quelques éléments divergents, puisés dans l'ouvrage remarquable de M. le docteur P. Richer, qui a reproduit d'une façon magistrale les idées de M. le professeur Charcot sur la matière [1].

LÉTHARGIE PROVOQUÉE.

Chez les hystériques.	*Chez les sujets sains.*
Les yeux sont fermés, les globes oculaires convulsés.	Cette convulsion des globes oculaires existe souvent, mais n'est pas constante.
Frémissement constant des paupières supérieures.	Très-fréquent, mais non constant. (Nous avons dit, du reste, qu'il était une des conséquences de la convulsion en haut du globe oculaire et de l'occlusion de la paupière.)
Quelquefois légère roideur des membres ; contractures partielles qui cèdent à la friction.	Nous n'avons jamais observé cette roideur des membres, ni ces contractures partielles.
Possibilité, par le soulèvement de la paupière, de provoquer tout de suite une catalepsie parfaite d'une moitié du corps, si l'on soulève une seule paupière.	Nous avons toujours pu (chez les sujets catalepsiables, bien entendu) provoquer cette hémicatalepsie ; mais, les premières fois, cet état dissocié ne persiste qu'à la condition qu'on maintienne un œil fermé, pendant qu'on maintient l'autre ouvert. Plus tard, par suite

[1] P. RICHER, *Étude clinique sur l'hystéro-épilepsie*, 1881.

Chez les hystériques.

Chez les sujets sains.

de l'entraînement, l'hémicatalepsie s'établit très-facilement, par le simple soulè-
vement d'une seule paupière.

On n'observe jamais de
contractures par excitation
superficielle de la peau.

Chez tous les sujets catalepsiables on observe ce
genre de contractures.

CATALEPSIE PROVOQUÉE.

Chez les hystériques.

Chez les sujets sains.

L'hyperexcitabilité neuro-
musculaire n'existe pas.

Elle existe constamment.

Anesthésie des téguments.

On note quelques excep-
tions.

On n'observe pas de con-
tractures par excitation superficielle de la peau.

Ces contractures sont constantes.

La catalepsie cesse par le
retour à l'état normal ou par
le passage à l'état léthargique.

La catalepsie peut égale-
ment faire place à l'état
somnambulique.

SOMNAMBULISME PROVOQUÉ.

Chez les hystériques.

Chez les sujets sains.

Insensibilité à la douleur
de la peau et des muqueuses.

Il y a quelques exceptions :
il est même remarquable de
voir l'état de la sensibilité
varier chez un même sujet,
dans une même expérience,
lorsqu'il passe par plusieurs
phases de somnambulisme.

Les yeux sont habituelle-

On peut toujours, en rele-

Chez les hystériques.

Chez les sujets sains.

ment fermés, ils peuvent être entr'ouverts. Il n'y a pas de clignotement des paupières.

vant les paupières, déterminer le somnambulisme yeux ouverts.

Dans le cas de somnambulisme yeux fermés, on observe fréquemment la convulsion des globes oculaires et le clignotement des paupières.

Les sens persistent à un certain degré, y compris celui de la vue (même lorsque les yeux paraissent complétement fermés), et permettent à l'observateur d'impressionner diversement le malade.

Les sens sont toujours hyperesthésiés, à un degré plus ou moins vif.

Il existe parfois, au début, de la rigidité musculaire qui disparaît facilement par le massage où les frictions.

Jamais de rigidité musculaire.

L'yperexcitabilité neuromusculaire n'existe pas. Il est impossible de provoquer la contracture du muscle par la pression ou le massage.

L'hyperexcitabilité neuromusculaire existe toujours. On peut provoquer la contracture par l'excitation mécanique directe.

Il existe un autre ordre de contractures musculaires se produisant par une excitation superficielle de la peau.

Cette variété de contractures se rencontre chez tous les sujets catalepsiables.

Pas de transformation possible en catalepsie par la simple ouverture des yeux.

Transformation possible.

Chez les hystériques.	*Chez les sujets sains.*
Les illusions et les hallucinations des sens peuvent être facilement provoquées, mais non pas toujours.	On peut toujours les provoquer.
On peut déterminer l'hémisomnambulisme d'un côté et l'hémiléthargie de l'autre.	On le peut également; mais les premières fois, ces états unilatéraux ne persistent qu'autant qu'on maintient les procédés inverses sur les yeux.

Ainsi donc, si l'on s'en tenait au tableau précédent qui reproduit, comme nous l'avons dit, les idées de l'école de la Salpêtrière relativement aux hystériques hypnotiques, on pourrait croire qu'il existe certains caractères différents entre l'hypnotisme provoqué chez ces malades et celui que l'on détermine chez les sujets sains. Or, il n'en est rien, et, malgré toute la valeur que nous reconnaissons aux travaux de M. Charcot et de ses élèves, nous devons avouer que nous n'avons jamais rencontré, chez les nombreuses hystériques que nous avons eu l'occasion d'observer, les caractères si définis et si tranchés que M. P. Richer assigne aux divers états hypnotiques. Pour nous, les manifestations de l'hypnose provoquée chez les sujets sains sont *absolument les mêmes* que celles que l'on observe chez les hystériques hypnotiques, à part, bien entendu, certains phénomènes (contractures partielles, convulsions épileptoïdes) qui tiennent à une modification apportée à la somniation par la névrose hystérique.

En effet, chez toutes les hystériques qu'il nous a été donné d'étudier, soit à la Salpêtrière, dans le service de M. le docteur Luys, dont nous avions l'honneur d'être l'interne, soit au dehors, nous avons toujours noté des faits contradictoires, tendant à infirmer certaines idées jusqu'alors reçues en matière d'hypnotisme. Avant nous, du reste, MM. Dumontpallier et Mégnin (Société de biologie, 1882 et 1883) avaient signalé la présence constante des contractures par excitation mécanique du muscle et par excitation superficielle de la peau, dans les trois états hypnotiques (léthargie, catalepsie, somnambulisme) [1].

Afin que l'on ne nous oppose pas que les cas en face desquels nous nous sommes trouvé n'étaient pas des cas francs, analytiques, nous allons donner le résumé de cinq observations prises entre plusieurs, et qui, si elles ne présentent pas le type absolu de l'*hysteria major*, s'en rapprochent, on l'avouera, singulièrement.

OBS. I. — Anna R... seize ans. Attaques d'hystérie depuis deux ans. A déjà eu une série de contractures du bras gauche et de la jambe gauche, qui ont disparu après des attaques. Aujourd'hui (1er avril), elle est atteinte d'une paralysie flasque des membres inférieurs, accompagnée d'anesthésie ; cette paralysie, qui date de trois mois, a été précédée pendant deux mois d'une contracture des deux jambes. (L'aimantation avait fait

---

[1] M. BRÉMAUD (*Société de biologie*, janvier 1884), note également les contractures dans la catalepsie, chez les sujets sains.

disparaître la contracture, à laquelle avait alors succédé la paraplégie.) Ovarie droite.

Ses attaques sont ainsi constituées : 1° *Phase épileptoïde* ,dans laquelle domine l'immobilité tétanique, qui survient brusquement et dont la durée est généralement courte. 2° *Période tonique :* arc de cercle complet, suivi de deux ou trois autres contorsions variables, auxquelles fait place, au bout de cinq à dix minutes, 3° la *période clownique*. Celle-ci se compose de mouvements désordonnés, pendant lesquels la malade jette de grands cris. 4° *Délire* complet, interrompu par quelques esquisses d'attitudes passionnelles, où domine surtout l'extase.

La compression ovarienne arrête le plus souvent l'attaque.

On peut provoquer les trois états hypnotiques. En léthargie, on constate les *contractures par excitation superficielle de la peau,* ainsi que les contractures par excitation musculaire directe. En catalepsie, on note les *deux variétés de contractures.* En somnambulisme enfin, on peut toujours provoquer les *contractures par excitation mécanique du muscle ou du nerf,* en plus des contractures par excitation superficielle de la peau.

La malade qui, à l'état de veille, présente, comme nous l'avons dit, une paralysie complète des deux jambes, marche avec la plus grande facilité lorsqu'elle est mise en somnambulisme ; nous reviendrons, du reste, sur ce point si intéressant de cette observation, et nous pouvons dès maintenant ajouter que cette paraplégie a été guérie dans la suite, tant par la méthode suggestive que par l'administration de pilules de *mica panis.*

Le somnambulisme, lorsqu'il n'a pas été encore précédé, pendant la séance d'hypnotisme, d'une phase de catalepsie, fait place à ce dernier état si l'on relève les paupières du sujet. Cet état de somnambulisme, enfin, s'accompagne fréquemment d'un frémissement palpébral constant. On peut le transformer en somnambulisme yeux ouverts.

Obs. II. — Marie S... Dix-neuf ans. Attaques depuis un an et demi. Celles-ci débutent par une période de *tétanisation,* qui s'établit graduellement et à laquelle succède une phase de *grands mouvements* désordonnés accompagnés de cris : la malade lance ses jambes en l'air et retombe sur son lit en exécutant ce mouvement plusieurs fois. *Délire* terminal. La compression ovarienne arrête l'attaque.

Hypnotisme provoqué. On note les *contractures des deux variétés* dans les trois états (léthargie, catalepsie, somnambulisme). Dans la catalepsie, la sensibilité de la peau et des muqueuses est conservée.

Obs. III. — Amélie D..., Dix-neuf ans. Malade depuis cinq mois. Hémianesthésie droite. Ovarie double. Quelquefois délire hystérique spontané, de courte durée.

Attaque : 1° *Période épileptoïde :* (a) Quelques grands mouvements toniques de courte durée. Yeux convulsés, ondulations du ventre, mouvements de torsion des membres. (b) Quelques grandes convulsions cloniques,

également de courte durée. 2° *Phase des grands mouvements* dans laquelle la malade entre dans une sorte de
rage contre elle-même et les personnes qui l'entourent.
Elle cherche à mordre les aides qui la maintiennent, à
s'arracher les cheveux, à se déchirer la peau, met avec
ses dents ses draps et ses rideaux en loques. Au milieu
de cris désordonnés, elle roule plusieurs fois sur elle-
même, fait de grands mouvements de salutation et de
projection du bassin. Spasmes du cou. Son attaque est
du reste annoncée par la sensation de la boule hystérique qui, partant de l'épigastre, remonte jusqu'au
pharynx. 3° *Délire* et *attitudes passionnelles*. Les différentes poses plastiques correspondent à des hallucinations tantôt gaies, tantôt tristes, et qui se succèdent
généralement dans le même ordre : attitudes de frayeur,
de haine, de menace, de tristesse, s'accompagnant de
larmes, de gaieté avec physionomie souriante, pose
érotique, etc. Dans son délire, elle voit des personnes qui lui sont chères, ses parents par exemple,
auxquels elle parle et qu'elle veut embrasser, ou, au
contraire, des êtres imaginaires qui lui sont anti-
pathiques qu'elle injurie et auxquels elle crache à la
figure.

La compression de l'ovaire arrête souvent l'attaque ;
dans tous les cas, elle la modère.

Hypnotisme provoqué chez cette malade. *Contractures
des deux variétés* dans les trois états. Le somnambulisme,
qui s'accompagne très-souvent de frémissement palpébral, fait quelquefois place à la catalepsie.

On obtient généralement le somnambulisme yeux ouverts.

Obs. IV. — Marie G... Dix-sept ans. Malade depuis trois ans.

Attaque : 1° *Phase épileptoïde* constituée par une tétanisation subite de tout le corps. Yeux convulsés; spasme du cou; tête tournée à gauche; rotation des membres en dehors. 2° *Période convulsive :* (a) phase de contorsions et de mouvements en arc de cercle, (b) phases de grands mouvements désordonnés accompagnés de cris. 3° *Résolution* comateuse.

La compression de l'ovaire droit fait cesser l'attaque.

Hypnotisme provoqué : *contractures des deux genres* dans les trois états somnambuliques yeux fermés et yeux ouverts. Catalepsie consécutive, dans certains cas, au somnambulisme yeux fermés.

Obs. V. — Esther M... Dix-huit ans. Attaques depuis deux ans et demi. Anesthésie totale. Hyperesthésie ovarienne à droite.

Attaque : 1° *Phase épileptoïde* de tétanisation, extrêmement courte, à laquelle succède 2° une *phase clonique* de grands mouvements désordonnés; 3° *attitudes passionnelles* très-nettes d'extase, d'effroi; pose plastique analogue à celle d'une Renommée; attitude spéciale, dans laquelle la malade a le bras droit fléchi et en l'air, tandis que le gauche est dans l'extension et abaissé : dans cette dernière position, Esther M... reste pendant très-longtemps (une fois pendant une heure), en chantant toutes les romances de son répertoire.

L'hypnotisme provoqué chez elle fait également constater la présence des *deux variétés de contractures*. Somnambulisme yeux fermés et somnambulisme yeux ouverts. Catalepsie avec persistance de la sensibilité ; cet état peut être produit consécutivement au somnambulisme yeux fermés dans certains cas.

Enfin, dans les cinq observations précédentes, que nous n'avons fait que résumer, il était toujours très-facile de donner des suggestions de toute sorte (illusions, hallucinations, etc.). On pouvait également provoquer des états hypnotiques unilatéraux, mais les premières fois, et jusqu'à ce que le sujet ait subi une sorte d'entraînement, ceux-ci ne persistaient qu'autant que l'on maintenait l'application des procédés.

Que faut-il conclure de ces faits, si ce n'est qu'on s'est trop pressé, dans un ordre d'idées encore si nouvelles, de faire des divisions trop nettes et trop distinctes pour être exactes, et qu'on a établi comme la généralité et la règle classique ce qui n'est que l'exception ?

CHAPITRE VIII

ÉTAT DE FASCINATION
de M. le docteur Brémaud.

M. le Dr Brémaud, médecin de 1re classe de la marine, a produit chez des sujets du sexe masculin un état hypnotique particulier auquel il donne le nom de *fascination* [1]. Nous n'avons pu, jusqu'à présent, le provoquer par nous-même [2], mais les expériences pratiquées par cet observateur, et auxquelles nous avons assisté (conférence faite au Cercle Saint-Simon le 16 janvier 1887), nous ont paru si concluantes, que nous n'hésitons pas à admettre l'existence de cet état nerveux, et que nous allons en faire la description, puisée tout entière au compte rendu de cette intéressante conférence [3].

[1] Ce mot n'implique en aucune façon, disons-le tout de suite, l'idée d'une action fascinatrice émanant de l'expérimentateur.

[2] M. Brémaud n'a pu produire cet état que chez des hommes : or, nos expériences personnelles n'ont porté que sur un très-petit nombre de sujets masculins. De plus, les sujets susceptibles de fascination étaient tous des Bretons : il y a peut-être là une question d'idiosyncrasie nerveuse particulière.

[3] *Bulletin de la Société historique*, 1884, n° 1, p. 44. *Des différentes phases de l'hypnotisme, et en particulier de l'état de fascination*, par M. le docteur P. BRÉMAUD, médecin de première classe de la marine.

« Cet état provoqué par la fixation intense d'un point brillant, mais d'une intensité médiocre, a pour caractères particuliers l'élévation du pouls et de la température, une dilatation marquée de la pupille, l'analgésie, la contracture de tout muscle violemment contracté sous l'influence de la volonté ou froissé par l'opérateur, l'impulsion irrésistible à suivre le point brillant sur lequel est fixé le regard, la parésie de la volonté, l'exaltation de l'imagination poussée au point de provoquer l'illusion ou l'hallucination, et enfin le développement de l'instinct d'imitation jusqu'à la reproduction servile et exacte des mouvements, gestes, attitudes, physionomie, paroles... »

Pour mieux faire saisir ces caractères, résumons quelques-unes des expériences de M. Brémaud :

« M. Z..., vingt-trois ans, brun, sanguin, vigoureux

« Je regarde vivement, brusquement et de très-près ce jeune homme, en lui enjoignant de me regarder avec toute la fixité dont il est capable; l'effet est foudroyant[1], sa figure s'est injectée, l'œil est grand ouvert, les pupilles dilatées, le pouls de soixante-dix est passé à cent vingt; le regard du sujet est dorénavant fixé sur mes yeux; je recule — M. Z... me suit; sa démarche est singulière : la tête est projetée en avant, les épaules relevées, les bras pendants le long du

---

[1] « Les jeunes gens qui ont été présentés dans cette conférence ayant été à plusieurs reprises les sujets de semblables expériences, il n'y a pas lieu de s'étonner de la rapidité avec laquelle se produit l'état hypnotique. »

corps. Dans la course à laquelle M. Z... se livre pour me suivre, ses bras restent immobiles ; sa figure a pris une apparence particulière ; toute expression a disparu, les yeux sont fixes, les traits figés ; pas une fibre ne remue ; pas une parole ne sort de ses lèvres immobiles, le masque est pétrifié. Il semble qu'il ne reste plus dans ce cerveau qu'une idée fixe : ne pas quitter le point lumineux de mon œil. Parlez-lui, il ne vous répondra pas ; insultez-le, pas une fibre de son visage ne tressaillera ; frappez-le, il ne sentira pas la douleur : l'analgésie est évidente, les pincements, les chatouillements ne produisent aucune modification de mouvement, et pourtant M. Z... a conscience de son état, il a entendu tout ce qui s'est dit, et, revenu à l'état normal, il rendra compte de tout ce qu'il aura éprouvé. Pour le faire sortir de cet état de fascination, car c'est bien là, ce me semble, l'état de l'oiseau devant le serpent, un souffle sur l'œil va suffire ; je souffle, la scène change ; la figure a repris instantanément sa mobilité, la congestion a disparu ; les bras, les épaules ont repris leur liberté d'action, la sensibilité cutanée est maintenant normale, et M. Z..., qui semble soulagé et étonné, va vous dire qu'il a eu conscience de toute cette scène, mais qu'il était incapable de manifester sa volonté et se sentait lié à mon regard par un lien plus fort que lui-même. »

Dans l'expérience suivante, nous allons voir l'automatisme d'imitation parvenu à son plus haut degré :

« M. Cr...., employé de l'administration de la marine,

est mis en quelques secondes dans le même état de
fascination que le précédent sujet, avec élévation
subite du pouls et dilatation considérable et instantanée de la pupille. La faculté, ou plutôt l'instinct d'imitation se manifeste avec une énergie bizarre. Je ris,
M. Cr... rit aussi; je lève les bras, même mouvement
du sujet; je saute..., il saute; je grimace..., il grimace.
Je parle..., M. Cr... répète toutes mes paroles avec une
parfaite imitation d'intonation musicale. Il répète de
même, *avec une imitation scrupuleuse d'accentuation,*
quelques phrases d'allemand et d'anglais, d'espagnol,
de russe et de chinois, prononcées par divers audi-
teurs.

« Cet état bizarre se dissipe instantanément par
l'action d'un souffle sur les globes oculaires, et M. Cr...,
ayant repris sa complète liberté d'action, n'a aucun
souvenir de ce qui vient de se passer; la longue durée
de l'expérience, le prolongement de cet état nerveux
entraînent presque toujours la perte de la mémoire
des faits accomplis pendant ce laps de temps. »

Dans cet état, on peut déterminer des contractures
en froissant les masses musculaires. Quelques légers
tapotements rompent ces contractures, qui, du reste,
ne persistent pas après le retour de l'état normal.

Les muscles ne possèdent pas la propriété cataleptique, et les membres ne se maintiennent pas dans la
position qu'on leur donne. « Si, prenant doucement
la manchette de M. Z..., je soulève le bras gauche avec
précaution et que, l'ayant élevé jusqu'à l'horizontale,

je l'abandonne à lui-même, le bras ne reste pas dans la position où je l'ai mis, il retombe mollement dans la verticale... »

L'expérience suivante montre la rapidité avec laquelle peut s'établir l'état de fascination. « M. Z... est prié de vouloir bien ramasser le mouchoir déposé sur le parquet. Il se baisse, saisit le mouchoir, mais, au moment de se relever, il me regarde ; un brusque coup d'œil l'hypnotise, les muscles du bras et du tronc se contracturent immédiatement, et le sujet reste immobile dans cette position gênante. »

Le sujet est accessible à toutes les illusions ou hallucinations provoquées ; on peut également déterminer chez lui des suggestions de toute nature ; mais il faut bien faire remarquer que les actes provoqués dans cet état particulier ne sont spontanés à aucune de leurs périodes ; chaque mouvement doit être sollicité : « le sujet ne suit pas une idée qu'il élabore, il exécute machinalement, automatiquement le geste qu'on lui suggère, et resterait inerte au milieu de l'accomplissement d'un acte, si une volonté étrangère à la sienne n'en sollicitait la réalisation complète ».

Cet état de fascination, comme on le voit, présente de nombreux points communs qui le rattachent à la catalepsie. Malgré cela, c'est une phase hypnotique bien définie, car elle peut faire place à ce dernier état : il suffit d'augmenter l'intensité du point lumineux.

« M. Z... est invité à me regarder fixement et de

7

très-près; le voilà, en quelques secondes, plongé dans l'état de fascination. Dirigeant alors le regard du sujet vers ce quadruple bec de gaz, et augmentant ainsi l'intensité lumineuse du point fixé, l'état apparent du sujet semble se modifier immédiatement; la pupille est toujours dilatée, mais la face d'abord empourprée est subitement devenue pâle, exsangue. La fascination a fait place à la catalepsie. Le sujet est là, fixe, immobile, sans mouvement, l'œil perdu dans une véritable extase. Les membres sont en résolution et néanmoins gardent la position qu'on leur donne. »

Cet état de fascination, nous l'avons déjà dit, n'a pu être produit sur les femmes : M. Brémaud pense que leur système nerveux, probablement trop impressionnable pour la fixation de l'état initial, les amène d'emblée à l'état cataleptique, plus avancé dans la série.

De plus, cet état n'est que transitoire, car, dans une note ultérieure [1] à la publication de ses expériences, l'auteur signale la disparition graduelle de la période de fascination, à mesure que les expériences sont multipliées et que l'impressionnabilité du sujet s'accroit : lorsque la fascination n'apparaît plus, l'état qui s'établit d'emblée est la catalepsie.

---

[1] *Bulletin de la Société de biologie,* 22 mars 1884.

CHAPITRE IX

SUGGESTIONS PROVOQUÉES DANS L'ÉTAT DE VEILLE.

Quelques hypnotisations antérieures impriment au cerveau la propriété de se laisser influencer par certaines suggestions. — Dans la majorité des cas, l'effet de l'imagination ne peut être invoqué. — Véritable activité réflexe consciente (crédibilité). — Hallucinations. — Anesthésie. — Paralysie. — Contractures. — Hyperesthésie. — Suggestions sur les sens spéciaux : surdité, cécité, mutité, etc. — Suggestions diverses. — Injonctions. Idées fixes. — Amnésie partielle. — *Sommeil par suggestion.*

Nous avons vu (chap. V, § 2 et 3) que, pendant le somnambulisme, on provoque des suggestions de toute sorte qui peuvent, au gré et sur la simple injonction de l'expérimentateur, soit persister, soit se développer à échéance variable à l'état de veille.

Or, chez la plupart des sujets qui ont été hypnotisés, on peut, dans l'état de veille, et sans les mettre préalablement en somnambulisme, produire quelques-unes des suggestions précédentes [1]. Il n'est pas nécessaire, pour cela, que les sujets aient été soumis à un grand

---

[1] M. Bernheim (*loc. cit.,* p. 47) a relaté également quelques faits de suggestion dans l'état de veille.

nombre de séances d'hypnotisations : dans beaucoup
de cas, une ou deux suffisent pour que ceux-ci soient,
dès lors, accessibles à certaines suggestions dans l'état
de veille[1]; on comprend, en outre, que leur suggestibilité augmente en raison directe du nombre des
expériences.

Il semble donc que l'état hypnotique, si restreint
qu'il ait été, ait imprimé au cerveau un cachet particulier, une modalité spéciale en vertu de laquelle certaines propriétés cérébrales que nous aurons à étudier
plus loin (crédibilité, émotivité, imagination), sont
surexcitées au point de ne pouvoir plus, dans quelques
cas, être tempérées par la raison : on comprend
alors que l'organe cérébral devienne un terrain facile
sur lequel certaines suggestions pourront se greffer à
l'état de veille, comme de véritables actions réflexes.

Et il ne faudrait pas croire, dans la détermination de
ces phénomènes, qu'un prestige spécial doive s'attacher
à la personne de l'expérimentateur, et s'imposer fatalement aux sujets. Certes, dans beaucoup de cas, lorsqu'on persuade aux individus hypnotisables que tout ce
que l'on détermine chez eux à l'état de veille n'est que
l'unique effet de leur imagination, et qu'il n'y a là
aucun « fluide magnétique », ni aucune cause supernaturelle agissant à distance, il arrive alors que la raison

---

[1] Nous avons pu également produire des suggestions chez
quelques personnes qui n'étaient pas hypnotisables, mais il
s'agissait là d'une question d'entraînement dû au milieu et
d'imitation nerveuse qui les faisaient rentrer jusqu'à un certain
point dans le cas des sujets hypnotisables.

et la volonté reprennent toute leur puissance, et empêchent la manifestation des phénomènes sugges-tifs [1]. Mais, dans la majorité des circonstances, malgré une déclaration formelle de la part de l'expérimenta-teur, et chez des sujets très-intelligents, la modifica-tion imprimée au système nerveux par des hypnotisa-tions antérieures est telle, que l'exécution de certaines suggestions données ne peut plus, même à l'état de veille, être réfrénée par les diverses propriétés céré-brales coordinatrices, et se manifeste alors par une activité purement réflexe, quoique consciente (crédibi-lité) [2].

Rentrons maintenant dans la description des quelques suggestions que nous avons pu provoquer, à l'état de veille, chez des sujets hypnotisables. Ces suggestions, qui sont relativement peu nombreuses, ne peuvent pas toutes, malgré cela, être reproduites chez un même sujet; il y a, à cet égard, une sorte d'éclectisme qui tient à une prédisposition individuelle spéciale ou favo-risée par un nombre plus ou moins grand d'hypnotisa-tions antérieures [3].

---

[1] V. à ce sujet une note de M. le docteur Brémaud (*Société de biologie,* 26 avril 1884) dont nous rapportons deux observations très-concluantes, à la fin du chapitre XIII.

[2] Dans toutes nos expériences de suggestions provoquées dans l'état de veille, nous nous sommes toujours attaché à bien démontrer au sujet qu'il ne s'agissait là d'aucun « fluide magné-tique », et jamais nous n'avons vu manquer l'efficacité d'une suggestion donnée.

[3] Il va sans dire que l'on pourra provoquer pendant l'état hypnotique, d'une façon temporaire ou persistante, certaines suggestions que nous décrirons plus loin comme pouvant être

Pour déterminer les suggestions qu'on va lire, il suffit de procéder par simple affirmation, et le plus souvent, pour y parvenir, il n'est nullement nécessaire de prendre une voix autoritaire; il faut toutefois, dans beaucoup de cas, y mettre une certaine insistance. Inutile d'ajouter que toute autre personne, s'interposant à l'expérimentateur, produira les mêmes résultats.

Les suggestions qui réussissent presque toujours sont les hallucinations provoquées. On pourra faire voir à un sujet soit sur une feuille de papier blanc, soit dans l'espace, l'image d'une personne qu'elle connaît. — M. T... voit un sac de dragées qui, sur une seconde affirmation de notre part, se change en un panier de fruits..., puis, enfin, en un petit chien qu'elle caresse pendant dix à quinze secondes[1]. — S. R... a vu pendant deux jours le portrait de son frère, sans qu'une nuit de sommeil physiologique vînt détruire cette hallucination.

A E. C... qui mange une côtelette, nous persuadons, en insistant un peu, que la viande a une odeur de camphre... Au bout de trois ou quatre bouchées, elle commence à éprouver cette impression olfactive, et elle en est tellement persuadée qu'elle se plaint très-amèrement à la cuisinière qui lui a servi ce plat. — A ce même sujet on peut donner des hallucinations audi-

---

déterminées dans l'état de veille, et que, pour éviter des répétitions, nous n'avons pas relatées au chap. *Somnambulisme.*

[1] Ces hallucinations, de même que les hallucinations hypnotiques et posthypnotiques, sont dédoublées par le prisme.

tives, et lui faire entendre des coups de sifflet imaginaires tellement stridents, qu'il se bouche vivement les oreilles avec les mains en nous suppliant de les faire cesser au plus tôt.

On peut provoquer des suggestions hallucinatoires à une certaine échéance. M. T..., à laquelle nous avions donné cette suggestion le matin, trouve le soir, en se couchant, sur son lit, une assiette pleine de gâteaux, et est fort désappointée de ne pouvoir les manger, tant semble réelle l'objectivité de cette hallucination. Ajoutons que, s'étant promenée toute la journée, elle avait complétement oublié, pendant ce temps, la suggestion qui devait se produire le soir[1].

Dans quelques cas, au contraire (et il faudra s'adresser alors à des sujets très-entrainés), on peut déterminer des hallucinations rétrospectives. Nous persuadons à A. L... qu'elle a vu la veille, vers dix heures du matin, des enfants qui jouaient à saute-mouton sous sa fenêtre. Nous sommes obligé d'insister assez vivement pendant près d'une minute, au bout de laquelle A. L... finit enfin par être persuadée qu'elle a vu ce que nous lui affirmons : elle nous raconte même cette petite scène imaginaire, nous disant qu'un enfant était tombé à terre en voulant sauter par-dessus un de ses camarades, détail en rapport avec la modalité subjective de

---

[1] A l'encontre des hallucinations, il est très-difficile de provoquer des illusions. Cela tient probablement à ce que, dans ce dernier cas, le sujet a devant les yeux un objet extériorisé, dont la matérialité même donne à la raison des éléments suffisants pour redresser la fausseté de l'impression sensorielle.

l'hallucination qui s'emparait de son cerveau. Cette hallucination rétrospective persista cinq ou six minutes.

Les hallucinations provoquées à l'état de veille présentent une durée qui varie entre plusieurs minutes et plusieurs heures, suivant l'aptitude propre du sujet et surtout son entraînement hypnotique. Il suffit, pour les faire cesser, de provoquer une suggestion négative, remarque qui s'applique, du reste, aux autres variétés de suggestions que nous allons passer en revue.

La sensibilité, soit de la peau, soit des sens spéciaux, peut être modifiée ou abolie, à l'état de veille, par la simple affirmation. On abolira ainsi la sensibilité d'un membre d'une façon tellement absolue qu'une épingle enfoncée à travers un pli de la peau ne provoquera aucune douleur. — M. le professeur Bernheim a pu produire de la sorte, à l'état de veille, chez un de ses somnambules, une anesthésie tellement complète, que son chef de clinique lui enleva cinq racines dentaires fortement enclavées; pendant l'opération, qui dura près de dix minutes, il suffisait de lui dire simplement : « Vous ne sentez absolument rien. » Il crachait son sang en riant, ne manifestant pas la moindre impression douloureuse.

On pourra produire, au contraire, du côté de la peau, une exagération de sensibilité cutanée, et cette hyperesthésie sera telle, que le moindre frôlement à ce niveau sera difficilement supporté par le sujet.

On peut ainsi déterminer des modifications de la sensibilité, et produire à distance des sensations soit de chaleur, soit de froid, qui s'accompagneront, dans quelques cas, de sudation ou de *chair de poule*. (Observ. de M. T... et de A. L...) — Nous avons provoqué, de la même façon, des sensations de prurit aux mollets chez plusieurs sujets à la fois qui présentaient alors ce spectacle curieux de se gratter toutes plus fort les unes que les autres, l'esprit d'imitation et de contagion nerveuse aidant.

Du côté des sens spéciaux, on produira également des phénomènes suggestifs d'anesthésie, ou des modifications variables. J. L..., A. L..., S. R..., M. T..., et bien d'autres sujets, peuvent être rendus borgnes ou aveugles, sourds d'une seule oreille ou des deux. On déterminera chez eux, soit une diminution ou une augmentation de champ visuel, soit une dyschromatopsie ou une achromatopsie unie ou bilatérale : les couleurs, dans ce dernier cas, ne seront plus reconnues, et l'ordre de leur interversion sur l'échelle des sept bandes du prisme variera avec chaque sujet, et quelquefois avec le même sujet, dans des expériences subséquentes. Enfin l'on peut augmenter leur acuité auditive d'un côté et la diminuer de l'autre, puis intervertir en une seconde l'ordre de ces phénomènes.

La motricité sera, de même que la sensibilité, atteinte par la suggestion, et l'on pourra provoquer, par une simple affirmation, la paralysie complète d'un membre. Lorsqu'on dit au sujet : « Votre bras est paralysé, vous ne pouvez plus le remuer », on le voit alors faire des efforts pour résister à l'asthénie qui l'envahit, et si l'on

insiste à plusieurs reprises sur l'affirmation précédente,
le bras ne tarde pas à tomber flasque le long du tronc.
Généralement, dans ces cas, la paralysie motrice
s'accompagne d'anesthésie, mais il suffit, si l'on veut
avoir un effet dissocié, de bien préciser au sujet qu'il
aura simplement une perte du mouvement sans perte
de la sensibilité.

MM. P. Richer et Gilles de la Tourette, qui ont
étudié les symptômes cliniques de ces paralysies par
suggestion (*Progrès médical,* 29 mars 1884), leur assi-
gnent, entre autres phénomènes, une exagération considérable des réflexes tendineux, la trépidation spinale,
l'abolition du sens musculaire (le sujet étant incapable
de trouver avec sa main droite libre le bras gauche
paralysé), troubles vaso-moteurs tels que sensation
subjective et objective de froid, et zone de rougeur
diffuse autour de la plus légère piqûre d'épingle. —
Ces caractères se retrouvent aussi dans les paralysies
par suggestion, données pendant le somnambulisme
ou la catalepsie, ainsi que dans celles que l'on fait persister après l'état hypnotique.

Nous ajouterons que nous avons également observé
la perte du sens musculaire dans les cas d'anesthésie
suggestive sans paralysie motrice.

Au bout de quelques minutes, la paralysie s'accompagne d'un abaissement très-notable de la température, symptôme qui, à lui seul, enlève tout soupçon de
supercherie.

Nous avons déterminé chez M. T. une paralysie du

bras droit à échéance de plusieurs heures. Nous lui disons, à deux heures de l'après-midi, qu'elle aura son bras paralysé le soir en se couchant. Dans l'intervalle, elle n'y pense plus, et le soir à neuf heures (c'est elle qui nous l'apprend le lendemain), elle éprouve dans le bras droit un engourdissement qui l'oblige à demander l'aide de ses compagnes, pour qu'elle puisse achever de se déshabiller. La paralysie persista dix minutes environ.

On pourra déterminer un phénomène inverse de la paralysie : nous voulons parler de la contracture. On dit au sujet de fermer une de ses mains, et on lui affirme ensuite qu'il ne peut plus l'ouvrir : malgré tous ses efforts, les doigts restent contracturés. — Si on lui fait fléchir les doigts en griffe, puis la main sur le poignet, le poignet sur l'avant bras, et qu'on lui affirme ensuite qu'il lui est impossible de détruire cette position, on obtient ainsi une contracture totale du bras par flexion. Il n'est même pas nécessaire, dans quelques cas, de faire fléchir préalablement le membre : en suggérant simplement que le bras va se contracturer, et en insistant plus ou moins sur cette affirmation, on voit peu à peu la contracture se produire d'elle-même à distance.

Nous avons toujours pu, en appliquant un aimant du côté opposé, provoquer le transfert des paralysies motrices, des anesthésies et des contractures déterminées par suggestion, soit pendant le somnambulisme, soit dans l'état de veille. Cet effet du transfert est pour nous absolument démontré, car nous nous sommes entouré, pour le produire, de toutes les conditions de garantie possibles. Pour le transfert qui se fait pendant le somnambulisme, le sujet, ayant les yeux fermés, ignore qu'il a un aimant à côté de lui, et il n'y a donc pas là à craindre l'effet d'une nouvelle suggestion. A l'état de veille, nous avons expérimenté, d'abord avec un aimant véritable, puis avec une imitation d'aimant en bois, tous les deux enveloppés à chaque expérience dans une serviette : dans le premier cas, nous avons eu le transfert ; dans le second cas, nous n'avons pas pu le provoquer, ce qui semble absolument concluant [1].

Comme corollaire de l'expérience précédente, nous avons pu provoquer le transfert avec une imitation d'aimant en bois, enveloppé dans une serviette, et que nous avons affirmé au sujet être un aimant véritable. Il est facile de comprendre qu'il s'est produit, dans ce cas, un transfert par suggestion, le sujet en question connaissant parfaitement d'avance les propriétés de l'aimant qu'il croyait avoir à côté de lui.

MM. Féré et Binet (*Progrès médical*, juillet 1884) ont étendu le domaine du transfert aux mouvements impulsifs suggérés : « Nous suggérons à W..., disent-ils, l'idée de faire des chiffres ; après son réveil, elle se met à faire des chiffres, de sa main droite, comme de juste ; mais un aimant est caché à proximité de sa main gauche. Quand elle a écrit jusqu'au nombre douze sans s'interrompre, elle commence à hésiter ; puis elle change sa plume de main et se met à écrire de la main

---

[1] F. BOTTEY, *Communic. à la Société de biologie*, 11 mars 1884.

gauche. Les caractères qu'elle trace nous paraissent tout d'abord sans signification ; mais en y regardant de près, nous constatons qu'elle a fait des chiffres qui, regardés au miroir, sont à peu près aussi corrects que ceux qu'elle a faits de la main droite; c'est-à-dire qu'elle a exécuté avec sa main gauche des mouvements absolument symétriques à ceux qu'elle est maintenant incapable de tracer de la main droite. »

Ces mêmes observateurs ont également obtenu le transfert d'hallucinations unilatérales et bilatérales des différents sens.

On pourra placer le sujet avec deux mains derrière son dos ou sur sa tête, ou bien encore l'immobiliser sur place, il restera dans ces différentes positions, jusqu'à ce qu'une nouvelle suggestion vienne lui permettre de les rompre. On le rendra muet en lui affirmant qu'il ne peut plus ouvrir la bouche; inversement, on lui dira, alors qu'il aura la bouche grande ouverte, qu'il ne peut plus la fermer. On pourra de la même façon l'empêcher d'ouvrir les paupières, qui seront comme contracturées.

De même, on le fixera sur une chaise dont il lui sera impossible de se séparer; on le renfermera dans un cercle de craie blanche dont il ne pourra sortir, malgré tous ses efforts pour franchir cette ligne fatale. On a beau, dans ces différents cas, lui persuader qu'il n'y a aucun sortilége, il vous répond qu'il en est absolument convaincu, mais qu'une force, à laquelle il ne peut résister, l'empêche d'enfreindre les injonctions qui lui sont faites.

On pourra mettre plusieurs sujets, à la queue leu leu,
les mains de chacun étant appuyées sur les épaules de
son voisin, ou bien encore les faire se tenir tous par la
main, sans qu'aucun d'eux puisse rompre cette chaîne.
On comprend combien il est facile de multiplier les
expériences de ce genre, car plus on en détermine,
plus l'entraînement se produit, et par conséquent plus
l'exécution des suggestions données devient rapide de
la part des sujets.

Les paralysies motrices suggestives feront place, au
gré de l'expérimentateur, à des phénomènes actifs.
C'est ainsi qu'on produira des mouvements automatiques indéfinis, comme ceux de trépigner sur place, de
battre des mains, de tourner les poings l'un autour de
l'autre : il suffira d'affirmer au sujet qu'il lui est impossible de s'arrêter, pour que tous les efforts faits par
lui ne tendent, au contraire, qu'à exagérer l'état
suggéré.

En disant au sujet de regarder les yeux de l'observateur, et en lui persuadant qu'il ne peut plus s'en
séparer, on le voit alors s'attacher au regard de celui-
ci, qu'il ne perd pas un seul instant. Si l'on marche à
reculons, il vous suit aussitôt, séparant brusquement
ceux qui essayeraient de s'interposer. Comme on le voit,
les « magnétiseurs » auraient beau jeu, et ne manqueraient pas de décorer ce phénomène du nom de « fascination », alors qu'il s'agit tout simplement, dans cette
circonstance, d'un état cérébral spécial qui ne peut
réagir entre cette suggestion de fixer un point quel-

conque, qui pourrait être tout aussi bien une cuiller ou un morceau de bois que les yeux de l'observateur.

On pourra faire perdre la notion d'un chiffre ou d'une lettre quelconque. En affirmant, par exemple, au sujet, qu'il lui est impossible de lire le chiffre 7, que ce chiffre lui est désormais inconnu, on constatera alors, si on lui donne à exécuter l'addition suivante, que le chiffre 7 ne fait plus partie de ses notions arithmétiques :

7165
2432, le chiffre 6 du total pouvant être remplacé par
——
2596

un autre chiffre, excepté 7 toutefois. — Il en sera de même d'une lettre ou d'un mot entier, que l'on pourra faire oublier complétement. Il nous arrivait quelquefois de nous approcher de S. R. absorbée dans la lecture d'un roman fort intéressant, et de lui dire à brûle-pourpoint qu'il lui était impossible de lire ce livre, puisqu'il était écrit en allemand ; et S. R... de nous supplier alors, de toutes ses instances, de détruire cette suggestion, pour pouvoir reprendre le cours de sa lecture si pleine d'intérêt.

Tous ces faits sembleront peut-être bien extraordinaires à beaucoup d'esprits, et les doutes ne manqueront certes pas sur leur véracité : il en sera toujours ainsi, tant que l'on ne saura pas considérer le cerveau comme un véritable système organique, dont les prétendues facultés de l'âme sont autant de propriétés dynamiques réagissant en vertu de l'irritabilité, aux diverses causes incitantes, absolument comme un

muscle réagit à l'électricité en se contractant, et une
glande à un excitant chimique en sécrétant, et dont les
attributs physiologiques peuvent être déviés par des
causes modificatrices nombreuses, pour ne parler que
de l'hypnotisme. (V. chap. XIII.)

Nous terminerons ce chapitre des suggestions provoquées dans l'état de veille, par un des points les plus
intéressants, l'*hypnotisation par la méthode suggestive.*
L'abbé Faria, en 1815, avait déjà entrevu cette méthode,
lorsqu'il déterminait le sommeil nerveux chez certains
sujets en les engageant simplement à fermer les yeux
et à concentrer toute leur attention sur cette idée de
dormir : cet observateur expliquait les phénomènes
obtenus par l'effet de l'imagination et la concentration
psychique, conception théorique qui, dans beaucoup
de cas, reste encore vraie aujourd'hui.

Chez les sujets qui ont été hypnotisés préalablement
par des procédés quelconques (une ou deux fois suffisent), rien n'est plus facile que d'obtenir le sommeil
par suggestion. On leur dit simplement : « Fermez vos
yeux et dormez! » et au bout de deux ou trois minutes,
quelquefois instantanément, l'effet suit l'injonction.

Mais chez les sujets qui n'ont jamais été hypnotisés,
la simple affirmation est le plus souvent incapable de
provoquer l'état hypnotique. Il faut, dans ce cas, certaines conditions adjuvantes qui même, à elles seules,
peuvent être assez puissantes pour produire le sommeil
nerveux : nous voulons parler de l'entraînement qui

résulte soit de l'imitation, soit de l'émotivité. C'est ainsi que dans certaines séances du soi-disant magnétisme, on voit fréquemment des spectateurs s'endormir spontanément : les « magnétiseurs » mettent ce phénomène sur le compte du prétendu fluide, alors qu'il s'agit tout simplement de l'hypnose par suggestion.

Il arriva un jour, dans une réunion d'amis, que, pendant que nous hypnotisions une personne par l'occlusion des yeux, deux dames, auxquelles nous tournions le dos, s'endormirent spontanément par esprit d'imitation.

Certains sujets s'hypnotisent eux-mêmes, sans aucun autre procédé que celui de se suggérer le sommeil par une ferme volonté.

Le sommeil par suggestion peut être produit à une échéance plus ou moins longue. Nous affirmons le matin à S. R... qu'à quatre heures du soir elle ne pourra s'empêcher de dormir. En effet, à l'heure indiquée, alors qu'elle se promenait sous les arbres, l'envahissement du sommeil se fit sentir. Elle essaya de lutter pendant quelques instants, mais en vain, et elle fut bientôt obligée de s'asseoir sur un banc, où nous la trouvâmes plongée dans une léthargie profonde. Inutile d'ajouter que pendant que le sujet s'endormait, nous pensions nous-même à tout autre chose.

La suggestion du sommeil hypnotique pourra être associée, au gré de l'expérimentateur, à une foule de circonstances diverses. C'est ainsi que nous disons à A. L..., occupée à lire un ouvrage quelconque : « Lorsque vous serez arrivée à telle page, telle ligne, tel mot, vous ne pourrez pas vous empêcher de dormir. » Nous sommes sûr, quelques instants après, de la trouver en léthargie, tenant encore dans sa main le livre ouvert à l'endroit indiqué.

A un autre sujet, M. T., nous disons qu'elle peut toucher notre manche gauche sans crainte, mais que le contact de notre manche droite le fera sûrement dormir. C'est en effet ce qui se produit.

A une autre, Ch., nous présentons deux mouchoirs dont l'un, si elle s'en sert, provoquera l'hypnose, tandis que l'autre restera sans effet.

On peut varier à l'infini ces expériences : tel sujet s'endormira en buvant un verre d'eau ; tel autre en regardant une certaine carte d'un jeu, etc. ; il suffit d'associer l'idée du sommeil nerveux à ces diverses suggestions.

Et il ne faudrait pas croire (nous ne saurions trop le répéter) que, dans ces circonstances, les sujets pensaient avoir affaire à un objet « magnétisé » dont le « fluide » produisit les effets annoncés : nous l'avons dit maintes fois, tous nos sujets étaient persuadés qu'il ne s'agissait là d'aucune puissance extraordinaire ou mystérieuse. Qu'y a-t-il d'étonnant, en effet, à ce qu'une suggestion par affirmation puisse produire le sommeil nerveux, au même titre qu'elle pourrait provoquer les autres phénomènes si nombreux que nous avons décrits précédemment ? même mécanisme, cerveau impressionné par une simple affirmation, en vertu de l'exagération de la crédibilité, et réagissant d'une façon réflexe, dans la détermination de l'état hypnotique.

Ce sont ces phénomènes cérébraux, purement subjectifs, que les « magnétiseurs » exploitent lorsque, sur des théâtres, ils provoquent de prétendus magnétisations à distance ou d'objets divers. Si l'on ajoute à ces circonstances que la plupart des spectateurs sont tous portés à admettre une influence mystérieuse, une puissance supernaturelle, on voit d'ici, l'imagination, l'émotivité et l'imitation aidant, tous les effets scéniques que l'on peut produire.

Ces considérations nous expliquent également le nombre considérable de sujets qui tombaient dans l'état hypnotique, sous l'influence du baquet de Mesmer, ou de l'arbre « magnétisé » de Puységur à la fin du siècle dernier. Dans ce dernier cas, il s'agissait d'un arbre situé sur la place du village, à Busanzy et à Beaubourg, auprès d'une fontaine également « magnétisée »; une corde, partant de l'arbre, réunissait entre eux les différents malades, qui ne tardaient pas, sous l'influence de la suggestion, à tomber en somnambulisme.

CHAPITRE X

L'HYPNOTISME AU POINT DE VUE MÉDICO-LÉGAL.

L'état de *sujétion* hypnotique peut favoriser des tentatives criminelles. — Cas de somnambulisme spontané ayant donné lieu à une action judiciaire. — Importance des suggestions posthypnotiques à échéance, au point de vue médico-légal. — Crimes expérimentaux de toute nature, dont le sujet ne saurait être responsable. — Signatures de billets. — Faux témoignages. — Vols. — Assassinats. — Suicides, etc. — Procès de Castellan en 1865. — Suggestions criminelles provoquées dans l'état de veille.

L'importance de l'hypnotisme au point de vue médico-légal n'a dû échapper à personne, dans le courant de la description à laquelle nous nous sommes livré. Quand on voit l'individu soumis au sommeil nerveux devenir, soit pendant le somnambulisme, soit dans l'état de veille, un instrument de crime d'une précision d'autant plus effrayante que l'auteur qui l'a provoqué est constamment oublié, on ne peut s'empêcher de songer que tous les simulacres de crimes expérimentaux, reproduits dans un but scientifique, pourraient être effectués d'une façon véritable dans un but criminel et rentrer ainsi dans le domaine de la médecine judiciaire.

Nous diviserons, au point de vue des actes délictueux ou criminels, la question en trois points : A. État hypnotique ; B. Suggestions criminelles posthypnotiques ; C. Suggestions provoquées dans l'état de veille.

A. ÉTAT HYPNOTIQUE. — Nous avons vu que pendant le somnambulisme, et surtout pendant la catalepsie, le sujet était un automate docile à la volonté de l'observateur. On comprend donc, sans que nous ayons besoin d'y insister davantage, tout le parti que l'on pourrait tirer de cet état dans un but criminel. Toutefois, nous ne pensons pas qu'il puisse être facilement exploité, étant donné que les seuls témoignages d'accusation ne sauraient provenir que de l'auteur ou des auteurs de l'acte suggéré.

Il n'en est pas de même au point de vue passif, et l'état de *sujétion* plus ou moins absolue dans lequel se trouvent les personnes plongées dans les différentes phases hypnotiques, peut favoriser des tentatives criminelles de viol ou d'attentat à la pudeur, d'autant plus terribles que les sujets perdent complétement, après le réveil, le souvenir de tout ce qui s'est passé.

Dans quelques cas, l'hypnotisme pourrait fournir, de la part des sujets, des aveux plus ou moins complets. Mais outre que ces cas sont extrêmement rares, il serait, de plus, fort difficile d'avoir une certitude absolue sur la valeur de ces aveux, car l'hypnotisé est une porte constamment et spontanément ouverte à toutes les suggestions, et l'on comprend les nombreuses causes d'erreur qui ne manqueraient pas de survenir, même d'une façon involontaire. Enfin, pût-on tirer de cette situation des éléments utiles pour la justice, il ne viendra à l'esprit de personne que l'on ait le droit de plonger ainsi un sujet dans le sommeil nerveux, pour tirer de lui des aveux qu'il refuse de faire à l'état de veille : il y aurait là une atteinte des plus condamnables à la liberté individuelle et morale. '

S'il est des circonstances où l'état hypnotique mérite d'être bien connu, au point de vue judiciaire, ce sont ces cas de somnambulisme spontané qui ont tant d'analogie avec l'hypnotisme provoqué, et dans lesquels le sujet peut accomplir des actions dont il n'est, on le comprend, nullement responsable [1]. Nous citerons comme exemple le cas suivant, qui s'est récemment présenté devant la chambre des appels correctionnels de la Seine. « L'appelant était un jeune homme de

---

[1] Foderé cite le cas d'un moine qui, en somnambulisme, pénétra la nuit, armé d'un poignard, dans la cellule d'un autre moine pour le tuer. On le réveilla à temps, et il fut tout honteux de l'incident.

On retrouve également l'irresponsabilité en matière criminelle dans des cas absolument physiologiques, comme ceux dans lesquels un individu passe brusquement du sommeil profond à un réveil subit. On cite plusieurs faits de confusion cérébrale assez violente pour avoir pu déterminer l'accomplissement de crimes inconscients, chez des personnes réveillées en sursaut. Un soldat profondément endormi entend battre la diane : il croit que l'ennemi l'attaque, et il se précipite sur ceux qui l'entourent. Une sentinelle, endormie pendant sa garde et réveillée par un officier de service, se jeta sur celui-ci, et l'eût tué si les assistants ne se fussent interposés. Ces états sont très-connus et ont été décrits en Allemagne sous le nom de *Schlaftrunkenheit*.

vingt-deux ans, blond et pâle, ouvrier arquebusier de son état, condamné en octobre 1880 par le tribunal à trois mois de prison, comme ayant été surpris par deux agents de police en flagrant délit d'indécence dans un urinoir de la rue Sainte-Cécile, à Paris. Le jeune D. P... disait ne se souvenir de rien, il niait même être entré dans le lieu où on l'avait arrêté. Pris de crachements de sang dans sa prison, on le plaça en traitement à l'hôpital. Là, il protesta de son innocence plus que jamais, et invoqua le témoignage des docteurs dont il reçut les soins. Voici les renseignements instructifs donnés par le docteur Mottet à la chambre des appels :

« P. D... est atteint d'une névrose extraordinaire. Il vit dans un état de somnambulisme habituel et dont on peut aussi à volonté provoquer les accès. Les médecins qui l'ont observé à l'hopital Saint-Antoine ont constaté chez lui dans cet état la soumission automatique à toutes les injonctions.

« Lorsque D... se trouve en état de somnambulisme, on peut lui faire écrire une lettre sans qu'il ait conscience de ce qu'il fait; de plus, cet acte peut être accompagné de phénomènes très-étranges. C'est ainsi que, ayant devant lui deux feuilles de papier, si on lui retire celle où il a commencé à tracer des caractères, il continue à écrire sur la feuille inférieure, sans s'apercevoir de la substitution.

« Les individus de cette catégorie sont si singuliers, qu'ils peuvent rester n'importe où dans un état de somnambulisme susceptible de se prolonger pendant trois ou quatre heures. Un jour, D... fut pris, place de la Bastille, d'un accès au milieu de ses camarades, qui durent le transporter dans un garni. On peut provoquer à volonté chez lui des hallucinations.

« Le savant expert offrit à la cour une démonstration complète des phénomènes. La cour, naturellement, ne pouvait qu'accepter la lumière et se déclarer prête à assister aux expériences proposées par le docteur Mottet. Celui-ci regarde fixement son sujet, et voilà D... endormi. Un conseiller pose alors une question : dans l'état où il se trouve, le sujet ne pourrait-il pas se rappeler la scène de la rue Sainte-Cécile? Le docteur interroge D..., qui, tirant de sa poche un mouchoir, se penche en avant et simule les mouvements d'un homme qui se débarbouille la figure. Or la vespasienne renferme une cuvette d'eau courante. Voilà évidemment ce que le malheureux faisait quand on s'est emparé de lui en l'accusant d'outrage à la pudeur. C'est ce qui a été admis par la cour, qui a prononcé l'acquittement complet du prisonnier. » (LADAME, *loc. cit.,* p. 161.)

B. SUGGESTIONS POSTHYPNOTIQUES. — Nous avons vu que l'on pouvait pendant l'état, soit cataleptique, soit somnambulique, intimer au sujet des ordres devant être accomplis après le réveil, à une échéance variable (de plusieurs heures à plusieurs semaines, peut-être plusieurs mois), et déterminée par l'observateur : l'auteur de l'acte suggéré étant, d'une façon *constante,* complétement inconnu au sujet.

Or, les suggestions pourront être constituées par des crimes expérimentaux, et comme exemples nous citerons les quelques cas suivants.

Plusieurs de nos somnambules nous ont signé, plusieurs heures après le réveil, et en présence de témoins, des billets de 100 francs et 200 francs, et même davantage, l'ordre leur en ayant été donné pendant l'état hypnotique.

A d'autres nous avons fait commettre des vols. Nous disons à S. R... que dans la journée, vers quatre heures, elle verrait une montre en or sur une table et qu'elle ne pourrait résister à la tentation de la voler. — A l'heure indiquée, c'est-à-dire sept heures après l'hypnotisation, nous surveillons S. R... et nous la voyons rôdant autour de la table en question, sur laquelle nous avions placé notre montre. Elle la prend, la regarde, puis la remet..., recommence ce manége plusieurs fois...; enfin, après une lutte évidente en elle-même, elle finit par la prendre brusquement et par la mettre dans sa poche, après avoir regardé si personne ne la voyait. — Lorsque, dans la soirée, nous avons voulu nous faire restituer l'objet volé, nous avons assisté à une telle scène de désespoir, de la part de S. R..., voleuse malgré elle, que nous avons dû, par une nouvelle hypnotisation, lui donner une suggestion négative qui lui fit oublier tout ce qui s'était passé.

Nous disons à S... pendant le somnambulisme : « Il y a trois jours, à onze heures du soir, vous vous êtes rendue chez M. C... que vous connaissez. Arrivée à la porte, vous avez entendu une vive altercation; vous avez regardé par la porte qui est vitrée, et alors vous avez vu M. C... se disputant avec une femme qui avait un chapeau à plumes rouges et un manteau de fourrures. Dans un mouvement de colère, M. C... a tiré un poignard de sa poche et l'a plongé dans la poitrine de cette femme. Puisque vous avez vu ce crime, il faut que vous dénonciez l'auteur à la justice. Quand vous serez réveillée, vous vous rappellerez tout ce que je viens de vous dire et vous ferez votre déposition sur une lettre que je me chargerai de faire parvenir au procureur de la République » — Ce fut en effet ce qui eut lieu : le jour même, S... nous remit une lettre à l'adresse du procureur de la République, et dans laquelle elle reproduisait textuellement la scène que nous lui avions suggérée, sans oublier les détails de toilette de la victime.

De même, nous persuadons à A. R... qu'elle a vu un monsieur A. L... empoisonner une vieille femme avec du laudanum, et elle s'empresse, aussitôt réveillée, de faire sa dénonciation à qui de droit.

M. le docteur Bernheim (*loc. cit.*, p. 98) cite un fait analogue aux précédents : « Pendant son sommeil, dit-il, je demande à Marie G... quelle maison elle habite et quels sont ses locataires. Elle me dit entre autres que le premier étage est habité par une famille, père, mère, plusieurs petites filles et un vieux garçon restant chez eux. Alors je lui dis ce qui suit : — Le 3 août (il y a quatre mois et demi), à trois heures de l'après-midi, vous rentriez chez vous; arrivée au premier étage, vous avez entendu des cris sortant d'une chambre, vous avez regardé par le trou de la serrure ; vous avez vu le vieux garçon commettant un viol sur la plus jeune petite fille ; vous l'avez vu ; la petite fille se débattait, elle saignait ; il lui mit un bâillon sur la bouche. Vous avez tout vu ; et vous avez été tellement saisie que vous êtes rentrée chez vous et que vous n'avez rien osé dire. Quand vous vous réveillerez, vous n'y penserez plus ; ce n'est pas moi qui vous l'ai dit ; ce n'est pas un rêve, ce n'est pas une vision que je vous ai donné pendant votre sommeil magnétique ; c'est la réalité ; et si plus tard la justice vient faire une enquête sur ce crime, vous direz la vérité. Cela dit, je change le cours de ses idées, je détermine des suggestions plus gaies ; à son réveil je ne lui parle plus de ce fait. Trois jours après, je prie mon ami, M. Grillon, avocat distingué, d'interroger cette femme, comme s'il était juge d'instruction. En mon absence, elle lui raconte les faits dans tous leurs détails, donnant les noms de la victime, du criminel, l'heure exacte du crime ; elle maintient ses dires énergiquement ; elle sait quelle est la gravité de son témoignage ; si on l'appelle à comparaître devant les assises, malgré l'émotion qu'elle en ressent, elle dira la vérité, puisqu'il le faut ; elle est prête à jurer devant Dieu et les hommes! M'étant approché de son lit après la déposition, l'avocat, faisant office de magistrat, la fit répéter devant moi. Je lui demandai si c'était bien la vérité, si elle n'avait pas rêvé, si ce n'était pas une vision comme celles que j'avais l'habitude de lui donner pendant son sommeil; je l'engageai à se défier d'elle-même. Elle maintint avec une conviction inébranlable son témoignage.

« Cela fait, je l'endormis pour déraciner cette suggestion. — Tout ce que vous avez dit au juge d'instruction n'est pas : vous n'avez rien vu le 3 août; vous ne savez plus rien; vous ne vous rappellerez même pas que vous avez parlé au juge d'instruction; il ne vous a rien demandé, et vous ne lui avez rien dit. A son réveil, je lui dis : — Qu'avez-vous dit à monsieur, tantôt? — Je n'ai rien dit. — Comment, vous n'avez rien dit! dit le magistrat; vous m'avez parlé d'un crime qui a eu lieu dans votre maison le 3 août; vous avez vu le nommé X..., etc. Marie G... resta interdite. La nouvelle du crime la suffoquait; elle n'en avait jamais entendu parler. Quand M. X... insista, lui disant qu'elle-même avait signalé ce crime, elle n'y comprit rien; une violente émotion la saisit à la nouvelle qu'elle serait appelée en justice pour témoigner. Et pour calmer cette émotion, je dus l'endormir de nouveau et passer l'éponge sur toute cette scène véritablement effrayante de réalité. A son nouveau réveil, le souvenir de tout était effacé sans retour, et le lendemain, conversant avec elle et amenant à dessein la conversation sur les gens de sa maison, elle m'en parla naturellement comme si jamais il n'en avait été question entre nous. »

Nous avons provoqué, par la suggestion, des suicides sous différentes formes et à échéances diverses. Quelques sujets, sur notre ordre pendant l'état hypnotique, se sont tiré des coups de revolver, soit immédiatement après le réveil, soit quelques heures après. D'autres se sont empoisonnés : S. L. a avalé, deux jours après la suggestion, un breuvage noirâtre que nous avions fait recouvrir de la suscription *poison* sur étiquette rouge, avant d'accomplir ce suicide présumé, elle avait eu soin d'écrire une lettre dans laquelle elle annonçait qu'elle allait se donner la mort et qu'il ne fallait en accuser personne. Le plus curieux fut que, lorsqu'elle eut ingurgité ce poison qui n'était autre chose que de l'eau colorée, elle ressentit de violentes coliques dont nous eûmes toutes les peines du monde à la dissuader.

A certains sujets nous avons fait tirer des coups de revolver sur des personnes, tant amies qu'inconnues, soit aussitôt après le réveil, soit même plusieurs heures et plusieurs jours après que l'ordre en avait été intimé. Il est très-intéressant, dans ce cas, d'étudier l'état d'esprit dans lequel se trouve le sujet : lorsque l'ordre doit être accompli peu de temps après le réveil, celui-ci n'a pas le temps de le raisonner, et l'exécute avec la fatalité d'un automate poussé par une force irrésistible. Quand, au contraire, l'acte suggéré doit être accompli à une échéance assez longue (plusieurs heures ou plusieurs jours), le sujet se rend compte de la gravité de l'action qu'il va commettre, il essaye de réagir, mais le plus souvent il succombe dans cette lutte, car une force plus puissante que sa volonté le domine : comme on l'a dit parfaitement, « c'est la reproduction expérimentale de l'altération de la volonté qu'on retrouve chez certains aliénés qui, eux aussi, voudraient bien, mais ne peuvent pas vouloir [1] ».

Le fait suivant montrera jusqu'à quel point les sujets sont persuadés de leur propre responsabilité. L. reçoit de nous, en somnambulisme, l'ordre de tirer, à son réveil, un coup de revolver sur une personne imaginaire qu'elle verra devant elle. L'action est ponctuellement exécutée par L., revenue à l'état de veille, et nous feignons d'emporter un cadavre au dehors de la chambre. Une heure après cette scène, nous revenons auprès de L. avec un de nos amis qui, se faisant passer pour un juge d'instruction, lui demande quels sont les motifs qui l'ont poussée à tuer une personne qui ne lui voulait aucun mal, et si, par hasard, ce ne serait pas M. Bottey qui l'aurait endormie et lui aurait ordonné, pendant son sommeil, d'accomplir cette action. — L. répond alors « qu'elle *ignore absolument* si M. Bottey lui a donné un ordre semblable; mais ce dont elle est persuadée, c'est que, lorsqu'elle a tiré sur la personne inconnue, elle était comme une folle, et que toutes les puissances humaines n'auraient pu l'empêcher d'accomplir cet acte ».

Ces faits ne sont pas isolés : MM. Liébeault, Dumont, Bernheim, Liégeois, professeur à la Faculté de droit de Nancy, les ont reproduits sur de nombreux sujets. Des personnes soumises aux expériences de M. Liégeois[2]

---

[1] FÉRÉ, *Communication à la Société médico-psychologique,* mai 1883.

[2] *Communication à l'Académie des sciences morales et politiques.* Séances des 5 et 19 avril 1884.

sont allées, au jour et à l'heure fixés par lui, s'accuser au bureau de police ou chez le procureur de la République de crimes imaginaires, avec tous les détails et dans les termes mêmes qu'il leur avait dictés la veille ou l'avant-veille. D'autres ont reconnu des engagements qu'ils n'avaient jamais pris et signé des effets en bonne et due forme pour s'acquitter des dettes qui n'existaient pas. D'autres encore ont exécuté ou du moins cru exécuter, avec une effrayante docilité, des actes qui, sans ces précautions prises par M. Liégeois, eussent été d'odieux forfaits. Une jeune fille, entre autres, a tiré sur sa mère, le plus tranquillement du monde, un coup de pistolet; il va sans dire que le pistolet n'était pas chargé.

Tous ces faits parlent d'eux-mêmes, et les conséquences juridiques qui en découlent sont des plus claires. Au point de vue du droit civil, des contrats passés ou des billets signés sous l'influence d'une suggestion posthypnotique deviennent absolument nuls, sans parler de la culpabilité de l'auteur de la suggestion rentrant sous le coup des lois.

Au point de vue du droit criminel, on voit d'ici les crimes de toute sorte qui pourraient être commis (assassinats, vols, faux témoignages, dénonciations, etc.) par des personnes d'une moralité parfaite, et qui croiraient agir en complète connaissance de cause.

Une obligation absolue, un devoir impérieux, s'imposent donc aux magistrats : c'est de rechercher, dans toute affaire civile ou criminelle, s'il n'y a pas eu hypnotisation antérieure. On comprend en effet que, dans l'affirmative, une conclusion unique en ressort, à savoir la non-responsabilité de l'auteur de l'acte matériel et son acquittement, et la punition de l'auteur de la suggestion, qui seul est responsable et coupable.

Et s'il fallait un exemple émouvant de l'exploitation de l'hypnotisme dans un but criminel, nous rapporterions le fait suivant, extrait par Pr. Despine[1] du compte rendu des assises de Draguignan, juillet 1865 : « Le 31 mars 1865, un mendiant arriva au hameau de Guiols (Var). Il avait vingt-cinq ans environ ; il était estropié des deux jambes. Il demanda l'hospitalité au nommé H..., qui habitait ce hameau avec sa fille. Celle-ci était âgée de vingt-six ans, et sa moralité était parfaite. Le mendiant, nommé Castellan, simulant la surdi-mutité, fit comprendre par des signes qu'il avait faim ; on l'invita à souper. Pendant le repas, il se livra à des actes étranges qui frappèrent l'attention de ses hôtes : il affecta de ne faire remplir son verre qu'après avoir tracé sur cet objet et sur sa propre figure le signe de la croix. Pendant la veillée, il fit signe qu'il pouvait écrire. Alors il traça les phrases suivantes : « Je suis le « Fils de Dieu, je suis du ciel, et mon nom est : Notre- « Seigneur ! Car vous voyez mes petits miracles, et « plus tard vous en verrez de plus grands. Ne craignez « rien de moi, je suis envoyé de Dieu. » Il prétendait connaître l'avenir et annonçait que la guerre civile

---

[1] *Etude scientifique sur le somnambulisme*, 1880.

éclaterait dans six mois. Ces actes absurdes impressionnèrent les assistants, et Joséphine H... en fut vivement émue : elle se coucha habillée, par crainte du mendiant. Ce dernier passa la nuit au grenier à foin, et le lendemain, après avoir déjeuné, il s'éloigna du hameau. Il y revint bientôt, après s'être assuré que Joséphine resterait seule pendant toute la journée. Il la trouva occupée des soins du ménage et s'entretint quelque temps avec elle à l'aide de signes. La matinée fut employée par Castellan à exercer sur cette fille une sorte de fascination. Un témoin déclare que, tandis qu'elle était penchée sur le foyer de la cheminée, Castellan, penché sur elle, lui faisait, avec la main, sur le dos, des signes circulaires et des signes de croix; pendant ce temps, elle avait les yeux hagards. (Peut-être l'avait-il mise alors en somnambulisme.) A peine le repas était-il commencé, que Castellan fit un geste pour jeter quelque chose dans la cuiller de Joséphine. Aussitôt la jeune fille *s'évanouit*. Castellan la prit, la porta sur son lit, et se livra sur elle aux derniers outrages. Joséphine avait conscience de ce qui se passait, mais, retenue par une force irrésistible, elle ne pouvait faire aucun mouvement, ni pousser un cri, quoique sa volonté protestât contre l'attentat qui était commis sur elle. (Elle était alors en léthargie lucide.) Revenue à elle, elle ne cessa pas d'être sous l'empire de Castellan, et, à quatre heures de l'après-midi, au moment où cet homme s'éloignait du hameau, la malheureuse, entraînée par une influence à laquelle elle

cherchait en vain à résister, abandonnait la maison
paternelle et suivait, éperdue, ce mendiant, pour lequel
elle n'éprouvait que de la peur et du dégoût. Ils passèrent la nuit dans un grenier à foin, et le lendemain
ils se dirigèrent vers Collobrières. Le sieur Sauteron
les rencontra dans un bois et les emmena chez lui. Castellan lui raconta qu'il avait enlevé cette jeune fille
après avoir surpris ses faveurs. Joséphine lui fit part
aussi de son malheur, en ajoutant que, dans son désespoir, elle avait voulu se noyer. Le 3 avril, Castellan,
suivi de cette jeune fille, s'arrêta chez le sieur Cou-
droyer, cultivateur. Joséphine ne cessait de se lamen-
ter et de déplorer la malheureuse situation dans
laquelle la retenait le pouvoir irrésistible de cet
homme. Ayant peur des outrages dont elle craignait
d'être encore l'objet, elle demanda à coucher dans une
chambre voisine. Castellan s'approcha d'elle au moment
où elle allait sortir, il la saisit sous les hanches, et *aussitôt elle s'évanouit*. Puis, bien que, d'après les déclarations
des témoins, elle fût comme morte, on la voit, sur
l'ordre de Castellan, monter les marches des escaliers,
les compter, puis rire convulsivement. Il fut constaté
qu'elle se trouvait alors complétement insensible. (Elle
se trouvait alors en somnambulisme.)

« Le lendemain 4 avril, elle descendit dans un état
qui ressemblait à de la folie; elle déraisonnait et refu-
sait toute nourriture. Elle invoquait Dieu et la Vierge.
Castellan, voulant donner une nouvelle preuve de son
ascendant sur elle, lui ordonna de faire à genoux le

tour de la chambre, et elle obéit. Émus de la douleur de cette malheureuse et indignés de l'audace avec laquelle son séducteur abusait de son pouvoir sur elle, les habitants de la maison chassèrent le mendiant, malgré sa résistance. A peine avait-il franchi la porte que Joséphine tomba comme morte. On rappela Castellan; celui-ci fit sur elle divers signes, et lui rendit l'usage de ses sens. La nuit venue, elle alla reposer avec lui.

« Le lendemain, ils partirent ensemble. On n'avait pas osé empêcher Joséphine de suivre cet homme. Tout à coup on la vit revenir en courant. Castellan avait rencontré des chasseurs, et pendant qu'il causait avec eux, elle avait pris la fuite. Elle demandait en pleurant qu'on la cachât, qu'on l'arrachât de cette influence. On la ramena chez son père, et depuis lors elle ne parait pas jouir de toute sa raison.

« Castellan fut arrêté. Il avait été déjà condamné correctionnellement. La nature parait l'avoir doué d'une puissance magnétique peu commune; c'est à cette cause qu'il faut attribuer l'influence qu'il avait exercée sur Joséphine [1], dont la constitution se prêtait merveilleusement au magnétisme, ce qui a été constaté par diverses expériences auxquelles l'ont soumise les médecins experts. Castellan reconnut que c'est par des passes magnétiques que fut causé l'évanouissement de Joséphine qui précéda le viol. Il avoue avoir eu deux fois des rapports avec elle dans un moment où elle

---

[1] M. Pr. Despine est, comme on le voit, un des rares adeptes survivant à la doctrine du « fluide magnétique ».

n'était ni endormie ni évanouie, mais où elle ne pouvait donner un consentement libre aux actes coupables dont elle était l'objet (c'est-à-dire dans un état de léthargie lucide). Les rapports qu'il eut avec elle la seconde nuit qu'ils passèrent à Capelude eurent lieu dans les conditions suivantes : Joséphine ne s'est pas doutée de l'acte coupable dont elle fut victime, et c'est Castellan qui lui raconta le matin qu'il l'avait possédée pendant la nuit. Deux autres fois, il avait abusé d'elle de la même manière, sans qu'elle s'en doutât. (C'est-à-dire qu'elle était dans un sommeil somnambulique).

« Depuis qu'elle est soustraite à l'influence de cet homme, Joséphine a recouvré la raison. Elle dit dans sa déposition devant la Cour : « Il exerçait sur moi une « telle influence à l'aide de ses gestes, que je suis tombée « plusieurs fois comme morte. Il a pu faire de moi ce « qu'il a voulu. Je comprenais ce dont j'étais victime, « mais je ne pouvais ni parler ni agir, et j'endurais le « plus cruel des supplices. » (Elle faisait allusion à des accès de léthargie lucide ; quant à ses états de somnambulisme, elle n'en avait pas eu conscience).

« Trois médecins, les docteurs Hériart, Paulet et Théus, ont été appelés à éclairer le jury sur les effets du magnétisme. Ils ont confirmé par leurs déclarations les conclusions du rapport médico-légal rédigé à l'occasion de cette affaire par les docteurs Auban et Roux, de Toulon. Castellan a été condamné à douze ans de travaux forcés. »

.·C. Suggestions provoquées dans l'état de veille. — L'observation précédente vient déjà de nous montrer toute l'influence suggestive que l'on peut acquérir, même à l'état de veille, sur un cerveau hypnotisable.

Dans quelques cas, certaines suggestions criminelles pourront être provoquées dans l'état de veille, chez des sujets qui ont été soumis à des séances antérieures d'hypnotisation : l'organe cérébral, en effet, est à ce point modifié, que les propriétés coordinatrices (raison, jugement, etc.) ne sont plus assez puissantes pour refréner la crédibilité exagérée du sujet. C'est ainsi que nous persuadons à A. L..., dont le cerveau est admirablement préparé à ce genre d'expérience par un grand nombre d'hypnotisations antérieures, que, la veille au soir, en se couchant, elle a regardé par la fenêtre, et qu'elle a vu au dehors deux hommes qui se battaient. L'un d'eux, qui était M. H..., parfaitement connu d'elle, a donné un coup de canne à épée à l'autre et l'a étendu sur le pavé. — Tout d'abord, A. L... nous répond que nous nous moquons d'elle. Nous insistons pour la convaincre de la réalité de cette fiction rétrospective..., elle réagit déjà un peu moins ; et à mesure qu'elle cherche à combattre cette idée hallucinatoire, celle-ci s'enracine davantage dans son esprit. La voilà bientôt absolument convaincue qu'elle a vu la scène que nous venons de lui raconter, et elle pourrait, si on le voulait, servir de témoin à charge contre M. H... — Nous ajouterons que nous nous

hâtons de détruire cette suggestion en lui persuadant
que ce n'est qu'un conte inventé par nous.

MM. Liégeois et Bernheim ont observé quelques faits
semblables.

Toutefois, au point de vue médico-légal, nous pensons
qu'il ne faut pas exagérer l'importance de la suggestion
dans l'état de veille. En effet, de deux choses l'une :
ou le sujet n'a été que fort peu hypnotisé antérieurement, et son cerveau est mal prédisposé à recevoir des
suggestions criminelles ; alors la raison et le jugement
reprendront tous leurs droits ; ou bien, au contraire,
on l'a soumis à de nombreuses épreuves d'hypnotisation, et alors il est habitué à recevoir des suggestions, il sait ce que c'est, et sa raison pourra tempérer
ou rectifier les erreurs dans lesquelles on voudrait le
plonger par la voie suggestive, surtout s'il s'agit d'actes
criminels.

A la fin de cette courte étude sur l'hypnotisme au
point de vue médico-légal, nous sera-t-il permis cette
simple réflexion ? C'est que, lorsqu'on entend les psychologues prétendre que la volonté joue le rôle principal dans la vie morale de l'homme ; que c'est elle qui
nous pose au centre de l'univers et nous distingue du
reste des êtres par le caractère éminemment personnel
de l'acte volontaire..., n'est-on pas en droit de s'écrier
avec Spinoza, cité par M. Ribot, que « notre illusion
du libre arbitre n'est que l'ignorance des motifs qui
nous font agir » ?

Le récit de tous ces faits ne manquera pas d'émouvoir un grand nombre de personnes, qui verront dès lors l'hypnotisation et la suggestion planer, comme une épée de Damoclès, sur toutes les déterminations humaines. A ces esprits timorés nous répondrons simplement que personne n'est obligé de se laisser hypnotiser : il faut se tenir sur ses gardes et ne laisser pratiquer l'hypnotisme que par des gens dans lesquels on a une confiance absolue, ou par des médecins dans un but thérapeutique.

De plus, il faut prendre en considération que le chiffre considérable auquel on arrive dans les statistiques est notablement exagéré, car il est dû en partie à l'entraînement qui survient forcément dans toutes les expérimentations pratiquées en commun.

Enfin, si, comme nous ne nous lassons pas de le répéter, on veut bien se persuader que l'état hypnotique est un état purement subjectif, indépendant de toute influence surnaturelle et déterminé par des procédés artificiels et physiologiques, l'hypnose *par suggestion,* quand on aura affaire à des sujets n'ayant jamais été hypnotisés (et c'est, dans ce cas, ce procédé qui soit surtout à redouter), deviendra dès lors fort difficile.

CHAPITRE XI

L'HYPNOTISME APPLIQUÉ A LA MÉDECINE.

Anesthésie hypnotique appliquée à la chirurgie opératoire. — Applications de l'hypnotisme à la thérapeutique de certaines affections médicales. — Thérapeutique suggestive. — La médecine d'imagination. — Un des exorcismes de Gassner. — Influence de la suggestion (crédibilité, émotivité, imagination) dans les cures dites « miraculeuses ».

C'est en 1829 que les chirurgiens utilisèrent pour la première fois l'anesthésie qui accompagne habituellement l'état hypnotique : Jules Cloquet pratiqua l'amputation d'un sein sans aucune douleur. Loysel, de Cherbourg, en 1845 et 1846, amputa une jambe et extirpa des glandes malades; la même année, Fanton, Voswel, et Joly, de Londres, amputèrent deux cuisses et un bras; en 1847, Ribaud et Kiaro, de Poitiers, extirpèrent une tumeur du maxillaire. En 1859, Broca et Follin purent inciser un abcès à l'anus; Guérineau, de Poitiers, fit une amputation de cuisse; Velpeau, Préterre, Demarquay et d'autres chirurgiens ont également mis à profit, avec succès, l'anesthésie hypnotique pour diverses opérations chirurgicales.

Malheureusement, ce genre d'anesthésie, sur lequel on avait fondé quelque espoir, a dû être abandonné en principe, car il ne saurait donner des résultats aussi constants que la chloroformisation et l'éthérisation : outre que l'insensibilité hypnotique, pour être habituelle, n'est pas constante, il faut de plus (et c'est la condition capitale) que l'opéré soit hypnotisable; enfin, même chez un sujet hypnotisable, l'émotion causée par la crainte d'une opération peut suffire pour faire échouer toute tentative d'hypnose.

D'après le docteur Esdaille, de Calcutta, l'anesthésie hypnotique serait employée sur une vaste échelle, dans l'Inde, pour les opérations chirurgicales, par suite de la grande facilité avec laquelle la race indoue peut être hypnotisée.

Lafontaine, cité par Ladame (*loc. cit.*, p. 175), a observé deux cas d'accouchements pratiqués sans douleur pendant le sommeil nerveux.

C'est surtout en médecine que l'hypnotisme, employé d'une façon méthodique, est appelé à rendre de grands services.

J. Braid[1], le fondateur de la doctrine de l'hypnotisme, a voulu faire de cet état une panacée applicable à toutes les maladies du système nerveux. En faisant la part de cette grande exagération, il faut reconnaître cependant qu'il existe certains cas rapportés par ce médecin où la guérison est absolument avérée; partout, en effet, où il s'agit d'un trouble morbide produit, non par une lésion organique, mais par un

---

[1] *Loc. cit.*

trouble purement dynamique, il n'y a rien d'étonnant à admettre que, dans ces cas, l'état hypnotique puisse apporter une modification spéciale aux centres nerveux, d'où résulte une amélioration ou une guérison. C'est ainsi que certaines névralgies dites essentielles, des troubles nerveux divers tels que amaurose, surdité, tic douloureux, anesthésie, contracture, paralysie, céphalalgie, bégayement, tremblement, insomnie, etc., tenant, soit à la névrose hystérique, soit à un état névropathique protéiforme quelconque, ont été heureusement influencés par l'hypnotisme.

Giraud-Teulon et Demarquay, Strohl, Bénédickt et bien d'autres observateurs ont eu, par cette méthode, d'excellents résultats. Nous avons eu, nous-même, l'occasion d'en constater maintes fois les bons effets dans des cas de migraine, de gastralgie et d'autres affections purement nerveuses.

Dans l'observation I, d'Anna R..., que nous avons rapportée chap. VII, cette jeune malade, atteinte d'une paralysie complète des deux jambes qui l'obligeait à rester confinée au lit, marchait *avec la plus grande facilité* lorsqu'on la mettait en somnambulisme ; en catalepsie, la marche s'effectuait également, mais moins facilement : ce cas de paralysie hystérique cessant pendant le somnambulisme n'est pas, du reste, un fait isolé dans la science. Nous avons pu, de la sorte, en l'hypnotisant fréquemment, combattre l'atrophie qui aurait forcément envahi les membres paralysés.

Dans l'hystérie (peut-être également dans l'épilepsie),

nous sommes arrivé à cette conviction, à la suite de nombreuses observations personnelles, que les attaques sont notablement diminuées, tant dans leur nombre que dans leur intensité, comme si l'état hypnotique servait de décharge et pour ainsi dire de soupape de sûreté à la force nerveuse.

Il est très-difficile d'arrêter par l'hypnotisation une attaque d'hystéro-épilepsie qui débute; mais à la période de délire, on provoque très-facilement la somniation, et l'on arrête ainsi une phase souvent fort longue de la grande attaque.

Les délires hystériques, survenant dans l'intervalle des attaques, seront également arrêtés par ce moyen. Nous l'avons souvent pratiqué avec succès; d'autres observateurs, avant nous, l'avaient mis en usage, dans ce cas particulier. (Baillif, cité par P. Richer, p. 360.)

Pau de Saint-Martin a pu guérir des accès de catalepsie spontanée chez une malade, en provoquant l'état hypnotique. Dans des cas analogues, certains accès de somnambulisme spontané ont disparu, à la suite de phases somnambuliques provoquées.

Il est probable que si l'on pouvait arriver plus facilement à hypnotiser les sujets atteints d'aliénation mentale, on en retirerait de grands avantages thérapeutiques. (V. note B.)

Quelques médecins ont pensé que l'hypnotisme devrait avoir une influence sur certaines affections convulsives, telles que le tétanos et la rage. Il est difficile de se prononcer *à priori* : on pourrait peut-être

craindre, en effet, que l'hyperexcitabilité neuro-musculaire, qui s'observe d'une façon constante pendant l'état
hypnotique, n'exagérât l'élément spasmodique, symptôme capital de ces affections; mais comme, en définitive, les conceptions les plus légitimes disparaissent
souvent devant l'expérimentation et l'observation des
faits, il est à désirer que l'on cherche à pratiquer l'hypnotisme dans ces terribles affections, contre lesquelles
sont malheureusement si limitées nos ressources thérapeutiques.

Ce que nous venons de dire, relativement au traitement de certaines affections par l'hypnotisme, nous
explique les quelques faits de guérison obtenue
par ces « guérisseurs fluidiques, magnétiseurs, médiums, etc. », qui accablent journellement encore
l'Académie de médecine de leurs rapports sur la
« science magnétique » et la « médication fluidique »,
et qui ne doivent leurs résultats qu'à l'état hypnotique
qu'ils provoquent. Le passage suivant, que nous
extrayons d'une brochure écrite par un sieur Mazaroz
à propos d'un cas de surdité-mutité, donnera une idée
des théories de certains magnétiseurs modernes : on
croit rêver en lisant, en plein dix-neuvième siècle, de
semblables élucubrations.

Le fluide magnétique est le locomoteur de la pensée et
de la volonté, aussi bien dans le corps humain que sur les
fils télégraphiques; quoique plus pur que l'électricité, ce
fluide procède également de la chaleur; il est l'essence la
plus éthérée connue du feu.

Je compare le fluide magnétique à l'esprit du feu; mais l'électricité est considérée par moi comme étant son corps, c'est-à-dire comme le secrétaire du fluide vital magnétique, qui est le pôle actif du gaz oxygène.

Toutes les faces de la vie universelle étant constituées par le feu à chacun de ses degrés, le fluide magnétique me paraît être, chez l'animal perfectionné que l'on appelle l'homme, le résumé des qualités de la Nature. De plus, ce fluide vital est le transmetteur principal de toutes les intuitions spirituelles, dont l'ensemble est appelé la conscience.

Les fluides et gaz de l'harmonie créatrice s'accordent ainsi : — FLUIDE MAGNÉTIQUE (oxygène), ÉLECTRICITÉ (azote), FLUIDE MORBIFIQUE (acide carbonique), ÉLECTRICITÉ AQUEUSE (hydrogène); mais l'oxygène est le seul fluide magnétique des organes de l'esprit des hommes; en un mot, ce dernier gaz est celui de la force spirituelle bienfaisante. Chacun des trois autres fluides peut parfaitement se dégager en diverses proportions utiles, d'un bon médium, et être périodiquement absorbé par son malade; — on voit, par là, combien la science de l'avenir aura intérêt à n'employer que des médiums en bonne santé morale et matérielle.

JURY DES FAITS. — 1° *De même que la femme est neutre tant qu'elle n'est pas fécondée par un mari, de même l'azote est un gaz neutre; mais il devient une électricité fécondante pour toute la végétation, lorsque l'oxygène est allié avec l'azote dans une bonne proportion.*

. 2° *Sur cent parties d'air, on sait qu'il existe vingt et une parties d'oxygène et soixante-dix-neuf parties d'azote. — La femelle est donc ici beaucoup plus grosse que le mâle, comme chez beaucoup d'insectes et autres êtres rudimentaires; mais c'est l'inverse qui doit avoir plus ou moins lieu sur les planètes de l'espace, moins denses que la nôtre, c'est-à-dire sur celles où l'influence de l'esprit est plus grande dans la direction des créations matérielles.*

Par ces deux points, on juge toute l'importance qu'aura, dans l'avenir, l'étude de la composition des corps.

*
* *

Le fluide magnétique est donc le colporteur des pensées et désirs de la science du bien dans l'organisme humain, tel, par exemple, que l'amour sous ses formes diverses, l'amitié, ainsi que les autres sentiments qui dirigent les actes de la vie, sous la direction des qualités de l'esprit de chacun des hommes.

Mais l'électricité est l'agent spécial des désirs et appétits provenant plus directement de la matière, c'est-à-dire du corps.

En effet, l'homme qui s'étudie a remarqué tout le long de sa vie que : — Ses désirs matériels produisent généralement un effet légèrement cataleptique à la superficie de son corps; tandis que les tendances plus élevées, procédant davantage du cœur, donnent plus spécialement à l'homme des effluves de contentement et de chaleur intérieure, douce et rafraîchissante; tandis que la chaleur cataleptique des désirs matériels est généralement lourde et échauffante.

*
* *

L'étude des qualités magnétiques conduit au raisonnement suivant : De même que les manifestations de l'amour et celles de l'amitié de ses semblables soulagent et guérissent souvent les peines du cœur; de même, les fluides magnétiques d'une personne sympathique, c'est-à-dire qui n'a aucune antipathie contre un malade, peuvent guérir ce dernier des maux les plus graves, mais surtout de ceux qui procèdent de l'altération fluidique des organes, comme la paralysie sous toutes ses formes, la folie, les douleurs, la faiblesse du sang, les maladies nerveuses, etc.

La nature a fait toutes les femmes médiums, mais à divers degrés. — Lorsque le magnétisme sera devenu une science populaire, il y aura des Facultés pour le développement médianimique des femmes.

Le fluide magnétique est le plus important moyen guérisseur de la Nature. — Aussi, chaque fois que j'ai vu un enfant dépérir par la nourriture du biberon; puis, revenir ensuite à la vie, grâce au sein d'une bonne nourrice, j'ai constaté que les fluides magnétiques contenus dans le lait d'une femme constituaient exclusivement la santé des enfants nerveux et délicats.

*
* *

Les femmes bien constituées qui sont brunes sont presque toutes d'excellents médiums guérisseurs, lorsqu'elles sont développées, après leur fécondité, par de bons et vertueux médecins ou savants. Dans le temps de sa fécondité, la femme ne peut guère donner ses fluides qu'à ses enfants et à son mari. — Chez les femmes vigoureuses, les fluides remplacent le lait passé quarante ans, etc.

Après une aussi longue citation, assurément enfantée par un esprit malade, et que nous n'avons rapportée qu'à titre de curiosité, on regrette que l'auteur n'ait pas employé sa « science magnétique » à guérir l'état vésanique de son propre cerveau.

Dans les cas que nous avons signalés, où l'hypnotisme peut être utilisé comme moyen curatif ou sédatif, cet état nerveux agit en déterminant une modification dynamique de l'organe cérébral. Si à l'efficacité inhérente à l'hypnose en elle-même, on joint la suggestion, en affirmant au malade que son affection est guérie et qu'il la considérera comme guérie lorsqu'il sera réveillé, dans ces circonstances, disons-nous, on obtiendra des effets encore plus certains. C'est ainsi que nous avons pu guérir Anna R... (obs. I,

chap. VII) d'une paralysie des deux jambes qui datait
de cinq mois. En lui persuadant pendant le somnambulisme que la force persisterait dans ses membres
après le réveil, nous avons pu obtenir quelques mouvements, d'abord insignifiants, qui se sont accentués
peu à peu, et qui, au bout de quinze séances, permet-
taient à la malade de marcher avec des béquilles. Comme
la guérison complète se faisait trop attendre à notre
gré, nous l'avons parachevée en frappant son imagination par des pilules de mie de pain, données comme
un poison des plus violents.

Par la suggestion posthypnotique, nous avons pu
également retarder jusqu'à trois jours des attaques
d'hystérie imminentes : il suffisait de détruire l'*aura* (la
boule œsophagienne) par la simple affirmation, et de
persuader au sujet qu'il n'aurait plus l'attaque qu'il
pressentait.

Chez les aliénés (monomanes, hypochondriaques, etc.),
la suggestion pourrait rendre de très-grands services,
en substituant à leurs idées fixes des idées contraires
ou négatives; malheureusement, nous l'avons dit,
l'état hypnotique s'obtient difficilement chez eux.

La suggestion provoquée dans l'état de veille donnera
aussi certains résultats chez les sujets hypnotisables.
Par la simple affirmation, répétée avec plus ou moins
d'autorité, nous avons anesthésié la région dorso-lom-
baire d'un sujet, au point de pouvoir pratiquer à ce
niveau, sans aucune douleur, la cautérisation au fer

rouge. Nous avons cité un cas analogue dans lequel, à l'état de veille, l'anesthésie provoquée au niveau de la mâchoire permit l'extraction de plusieurs racines, sans la moindre douleur.

Chez Anna R..., incapable d'aucun mouvement des membres inférieurs lorsqu'elle était couchée, on pouvait, en l'asseyant de telle sorte que ses pieds ne reposassent pas sur le sol, les faire mettre en branle spontanément, en lui en faisant l'injonction plusieurs fois répétée.

Il ne faudrait pas croire que cet état de suggestibilité soit l'apanage exclusif des sujets hypnotisés ou hypnotisables. Si le sommeil nerveux développe d'une façon très-intense, comme nous l'avons montré, les fonctions de crédibilité, d'imagination, d'émotivité, d'imitation, etc., il ne les crée pas. Tout être les porte en lui, plus ou moins développées; aussi observe-t-on, à l'état normal, la réaction que ces diverses fonctions nerveuses peuvent amener sur les autres systèmes de l'économie.

Erb [1] et Russell Reynolds [2] ont décrit les premiers certains états morbides qui peuvent survenir sous l'influence de ces réactions cérébrales, et qui consistent en spasmes, mouvements incoordonnés ou paralysies (paraplégies par imagination d'Erb). — Une jeune fille, dont Reynolds rapporte l'observation, vivait seule avec son père qui avait subi des revers de fortune et qui, à

---

[1] *Parap. dioreh.*, etc., 1878.
Brit. med. journ., 1869.

la suite de chagrins prolongés, devint paralytique. Elle subvenait aux besoins du ménage en donnant des leçons qui la forçaient de faire de longues courses dans la ville. Sous l'influence de la fatigue déterminée par ces marches, l'idée lui vint qu'elle pourrait devenir paralysée elle-même, et qu'alors la situation serait terrible. Sous l'influence de cette idée persistante, elle sentit ses membres inférieurs s'affaiblir, et au bout de peu de temps la marche devint complétement impossible. On lui prescrivit un traitement purement moral, on lui persuada qu'elle pouvait marcher, et, à la suite d'essais répétés, la motilité finit par revenir dans les membres paralysés.

Nous-même, nous l'avons déjà dit, avons pu déterminer par suggestion des paralysies et des contractures chez trois sujets nullement hypnotisables.

Combien de maladies imaginaires, combien d'hypochondries à détermination morbide variable, reconnaissent pour cause la même influence, à savoir la réaction réflexe de l'émotivité ou de l'imagination sur les divers organes fonctionnels de l'économie[1]! Nous en dirons autant de tous ces troubles névropathiques ou hystériformes si variés, survenant à la suite d'émotions vives et disparaissant de même.

Connaissant la notion pathogénique de ces différents troubles morbides, devons-nous, dès lors, nous

---

[1] Certains devins, dans l'antiquité, avaient le don de faire avorter des femmes sans les toucher, par de simples gestes ou des paroles magiques.

étonner de ces nombreuses guérisons obtenues par le même mécanisme, c'est-à-dire par des causes absolument morales?

Dans les temps les plus reculés, Jésus-Christ, les apôtres, les prêtres, opéraient des guérisons par l'imposition des mains; de même les pythonisses, les magiciens, etc. Pyrrhus avait, ainsi que Vespasien, la spécialité de guérir les affections de la rate en frottant avec son gros orteil la région malade. Plus tard, ces guérisons par suggestion se retrouvent avec Pomponace, Van Helmont, Virdig, etc., qui avaient de nombreux succès avec l' « onguent magnétique », ou avec des philtres, des amulettes, et autres objets magiques appelés *munies*. Greatrakes, au dix-septième siècle, eut, en Angleterre, une renommée célèbre pour la guérison de nombreuses affections, qu'il opérait par la simple application de la main. Le prêtre Gassner, contemporain de Mesmer, pratiquait de nombreux exorcismes. Enfin, le baquet de Mesmer, lui-même, n'agissait que par suggestion, principe qui se retrouve également dans les « miracles » accomplis autour de la tombe du diacre Pàris, dans le cimetière de Saint-Médard.

Les exorcismes, tels que les pratiquait Gassner, agissaient tantôt par simple suggestion à l'état de veille, tantôt en déterminant l'état hypnotique : il en fut ainsi, du reste, pour tous les exercismes si tristement célèbres qui s'accomplirent pendant les nombreuses épidémies d'hystéro-démonolâtrie qui désolèrent la

Renaissance et les deux derniers siècles. Nous allons rapporter une des cures de Gassner, qui donnera une idée des procédés employés par les exorcistes en pareille matière.

« Une jeune Allemande, âgée de dix-neuf ans, Émilie, fille d'un officier de la maison d'un grand prince d'Allemagne, éprouvait des convulsions dont les accès duraient souvent des heures entières et qui se renouvelaient plusieurs fois dans la même journée. Il y avait deux ans et demi que le mal durait. Un médecin de Strasbourg, à qui le père d'Émilie l'avait confiée, lui avait procuré un grand soulagement, sauf quelques maux de tête et d'estomac et un grand abattement dans l'esprit, qui donnaient encore des inquiétudes. Gassner était alors à Ellwangen; Émilie se mit en marche pour cette ville, éloignée de cinquante lieues de son domicile.

« Durant tout le voyage, elle était gaie et bien portante. Arrivée à Ellwangen, elle assista pendant deux jours aux opérations de Gassner, qui lui était alors tout à fait inconnu, et le vit exorciser sans éprouver la moindre émotion. Il lui prit cependant envie de lui parler. Elle lui raconta ce qu'elle avait longtemps éprouvé, et comment le médecin de Strasbourg l'avait guérie. Mais Gassner, protestant contre cette prétendue guérison, apprit à Émilie que sa maladie était maintenant d'autant plus dangereuse, qu'elle se dissimulait; mais que, par la vertu de ses exorcismes, il saurait bien la faire reparaître.

« Et Gassner de se mettre à l'œuvre sur-le-champ. Il ordonne à la maladie, ou plutôt au démon, de se montrer au bras droit, au bras gauche, au pied droit, au pied gauche, dans tout le corps ; et il est fait selon son commandement. Il commande à Émilie de pousser des cris, de tourner les yeux, d'éprouver les plus fortes attaques de sa maladie ; et durant une minute la jeune Émilie est en proie à des convulsions.

« Tout se termina dès que Gassner eut prononcé le mot *cesset*. C'était la première fois que l'exorciste parlait au diable en latin, car jusque-là tous les ordres avaient été donnés en langue allemande. Du reste, ce diable, plus savant que celui des Ursulines de Loudun, entendait le latin à merveille, comme pour faire honneur, ont dit les mécréants, à l'instruction qu'Émilie avait reçue dans sa noble famille.

« Cette crise terminée par le *cesset* avait été violente, mais sans douleur. A partir de ce moment, on vit la malade se calmer, se lever, sourire aux assistants, assurant qu'elle se trouvait entièrement soulagée. Ce n'était pourtant là que l'exorcisme probatoire. Gassner devait le recommencer avant l'exorcisme de la guérison. Il voulut que celle-ci fût opérée avec la plus grande publicité. Malgré la répugnance d'Émilie, qui persistait à ne pas se croire malade, il fallut se rendre à son désir. Il fut donc convenu qu'on choisirait une société de vingt personnes notables, qui pourraient rendre, et qui rendirent effectivement témoignage des opérations.

« Le même jour, à huit heures du soir, les personnes choisies se réunirent avec Bollinger, chirurgien-accoucheur, qui venait de la part du baron de Kuveringen, commissaire du prince d'Ellvangen. Gassner commença par exhorter Émilie à mettre sa confiance en Dieu et en Jésus-Christ, dont la puissance, bien supérieure à celle du démon, serait le seul agent de sa guérison future. Il la fit ensuite asseoir sur une chaise vis-à-vis de lui, et lui adressa ces paroles :

« *Præcipio tibi, in nomine Jesu, ut minister Christi et* « *Ecclesiæ, veniat agitatio brachiorum quam antecedenter* « *habuisti* » ; Émilie commença à trembler des mains.

« *Agitentur brachia tali paroxysmo qualem antecedenter* « *habuisti* » ; elle retomba sur la chaise, et toute défaillante, elle tendit les deux bras.

« *Cesset paroxysmus* » ; soudain, elle se leva de sa chaise, et parut saine et de bonne humeur.

« *Paroxysmus veniat iterùm, vehementius, ut ante* «*fuit et quidem per totum corpus* » ; l'accès recommença. Le chirurgien Bollinger tâta le pouls à Émilie, et le trouva accéléré et intermittent. Les pieds se levèrent à la hauteur de la table ; les doigts et les bras se roidirent ; tous les muscles et tendons se retirèrent, de telle sorte que deux hommes forts se trouvèrent hors d'état de pouvoir lui plier les bras, disant qu'il était plus facile de les rompre que de les plier. Les yeux étaient ouverts, mais contournés, et la tête si lourde qu'on ne pouvait la remuer sans remuer tout le corps. L'exorciste ayant continué :

« *Cesset paroxysmus in momento* », Émilie reprit aussitôt sa santé et sa bonne humeur, et répondit à la demande comment elle se trouvait : « Les autres pleu-« rent, je ne pleure point. » Interrogée encore si elle avait beaucoup souffert, elle dit, — réponse nécessairement conforme à ses souhaits antérieurs et aux commandements de Gassner, — qu'elle avait ressenti des douleurs aux premiers moments, mais qu'ensuite elles avaient cessé. Sur quoi Gassner commençant de nouveau :

« *Veniat morbus sine dolore, cum summa agitatione per* « *totum corpus* » ; au mot *corpus,* la crise revint : les pieds, les bras, le cou, tout devint roide.

« *Cesset* » ; tout se rétablit, et Émilie confessa n'avoir éprouvé aucune douleur.

« *Veniat paroxysmus cum doloribus ; in nomine Jesu,* « *moveatur totum corpus* » ; le corps retomba et se roidit.

« *Tollantur pedes* » ; Émilie poussa si fortement contre la table, qu'elle renversa une image de laiton de la hauteur d'un demi-pied qui était dessus. Pouls accéléré et intermittent pendant cet accès.

« *Redeat ad se* » ; elle revint à elle-même, en avouant avoir ressenti les plus vives douleurs dans l'estomac, le bras et le pied gauche.

« *Veniat maximus tremor in totum corpus, sine dolo-* « *ribus* » ; les yeux se fermèrent, la tête retomba en s'agitant fortement.

« *Veniat ad brachia* » ; les bras tremblèrent.

« *Ad pedes veniat* » ; les pieds s'agitèrent.

« *Tremat ista creatura in toto corpore* »; le tremblement devint universel.

« *Habeat angustia circa cor* »; Émilie leva les épaules et tendit les bras, tourna les yeux d'une manière effrayante; sa bouche se tordit, son cou s'enfla.

« *Redeat ad statum priorem* »; tous les symptômes disparurent.

« *Paroxysmus sit in ore, in oculis, in fronte* »; elle retomba à la renverse sur sa chaise, les convulsions gagnèrent les lèvres, les mouvements de ses yeux firent peur; un *cesset* l'ayant entièrement rétablie, Gassner poursuivit :

. « *Adsit paroxysmus morientis* »; elle retomba sur sa chaise en fermant les yeux.

« *Aperti sint oculi et fixi* »; les yeux s'ouvrirent et restèrent fixes.

« *Paroxysmus afficiat nares* »; le nez se retroussa et les narines se tournèrent de côté et d'autre; la bouche se courba et resta ouverte quelque temps.

« *Sit quasi mortua* »; le visage contracta la pâleur des morts, la bouche s'ouvrit d'une largeur prodigieuse, le nez s'allongea, les yeux contournés demeurèrent sans regards; un râlement se fit entendre; la tête et le cou devinrent si roides que les hommes les plus forts ne pouvaient les séparer de la chaise sur laquelle Émilie était inclinée; le pouls battit si lentement que le chirurgien le sentit à peine.

« *Modo iterum ad se redeat ad statum suum* »; aussitôt elle recouvra ses sens et se prit à rire.

« *Pulsus adsit ordinarius, sit modo lenis, sit intermit-*
« *tens* » ; et le pouls subit toutes les variations ordonnées.

« Un des assistants, professeur de mathématiques,
souhaita que le pouls fût intermittent à la seconde
pulsation ; puis qu'il le fût à la troisième, et enfin qu'il
fît des sauts (*sit capricans*) ; le chirurgien vérifia que
tout s'était passé ainsi, après que Gassner l'eut ordonné.
Le même assistant demanda encore à l'exorciste de
faire enfler le muscle *masseter*. Gassner, qui ne comprit
pas ce mot, prononça *messater*. Averti de sa faute, il
répéta son commandement, mais bien cette fois :
« *Infletur musculus masseter.* » Le chirurgien sentit un
gonflement du côté gauche de la mâchoire, et le professeur ne sentit rien du côté droit. Mais ce n'était pas
la faute du diable d'Émilie, lequel prouva bien, dans
cette occasion, qu'il savait le latin et la grammaire à
en remontrer aux plus forts. On fit observer, en effet,
au professeur que le mot étant prononcé au singulier
ne pouvait regarder qu'un seul muscle ; le diable était
donc en règle. Gassner ayant répété : « *Infientur mus-*
« *culi masseteres* », on sentit alors les mouvements des
deux côtés.

« Gassner ordonna une apoplexie de la langue et de
tout le côté gauche ; Émilie tomba en arrière la bouche
ouverte et la langue immobile. Sur un nouvel ordre,
l'apoplexie s'étant étendue à tout le corps, depuis la
tête jusqu'aux pieds, Gassner fit revenir la malade, et
dit comme pour lui donner du ton :

« *Irascatur mihi, etiam verberando me* » ; elle tendit

10.

les bras vers lui tout irritée, et le poussa fortement.

« *Sit irata omnibus præsentibus* »; elle entra en colère
contre tous ceux qui étaient présents.

« *Surgat de sella et aufugiat* »; après une petite pause,
elle se leva de sa chaise et alla vers la porte, puis s'en
éloigna.

« *Fugiat per januam* »; elle reprit le chemin de la
porte et mit la main sur la serrure pour l'ouvrir.

« *Redeat* »; elle retourna et voulut se mettre sur une
autre chaise que la première.

« *Redeat ad sellam priorem ubi ante fuit, et sedeat* »; et
elle se remit sur la première chaise.

« *Redeat ad se, et habeat usum rationis* »; elle parla et
dit aux personnes qui l'interrogeaient qu'elle n'avait
pas conscience de s'être levée de sa chaise.

« *Habeat paroxysmum cum clamore, præcipio in nomine*
« *Jesu, sed sine dolore* »; elle soupira, remua la tête et
poussa des gémissements.

« *Clamor sit fortis* »; les gémissements devinrent plus
forts, et le corps trembla.

« *Habeat paroxysmus gemens* »; elle soupira et parut
triste.

« *Habeat dolores in ventre et stomacho* »; elle parut
toute faible, les bras lui tombèrent; elle posa la main
droite sur son estomac, soupira et gémit.

« *Dolores veniant in caput* »; elle porta la main au
front et pressa.

« *Habeat dolores in illo pede in quo antea* »; elle se

retourna de côté et d'autre, remua le pied gauche et soupira, paraissant éprouver des douleurs.

« *Sit melancholica, tristissima, fleat* »; elle sanglota, les pleurs coulèrent de ses yeux.

« *Mox rideat* »; elle rit tout aussitôt, et continua de rire de façon à être entendue des personnes les plus éloignées.

« *Cessent dolores omnes, et sit in optimo statu sanitatis* »; elle revint et sourit.

« *Omnis lassitudo discedat ex toto corpore, sit omnis « omnino sana* »; elle se leva et fut de très-bonne humeur.

« *Nihil modo audiat* »; l'exorciste lui demanda son nom et n'obtint aucune réponse.

« *Audiat iterum* »; cette fois il répéta sa question, et elle lui dit son nom de baptême.

« *Apertis oculis nihil videat* »; les yeux grands ouverts, elle répondit à la demande sur ce qu'elle voyait : « Je ne vois rien. »

« *Præcipio, in nomine Jesu, ut non possis loqui* »; interrogée comment elle s'appelait, elle dit son nom de baptême qu'elle répéta encore à une seconde demande; mais une troisième fois, elle ne répondit rien.

« *Loquatur in nomine Jesu et habeat usum rationis* »; Gassner lui demanda son nom, et cette fois, elle lui dit son nom de famille.

« Il lui donna un ordre tout nouveau, qui était de résister fortement, et dans le moment même de l'attaque, aux accès qui voulaient la surprendre, en leur commandant de s'éloigner, et il dit :

« *Perdat usum rationis, in nomine Jesu.* » Cet ordre, quoique répété à deux reprises, ne fit aucun effet. Gassner lui ayant demandé si elle était bien gaie, elle répondit en souriant : « Oui. »

« Pour terminer, Gassner passa à l'exorcisme de guérison. Il donna quelques instructions à Émilie sur ce qu'elle aurait à faire pour se guérir elle-même dorénavant, car il avait le pouvoir de communiquer ce don à des malades. Pour achever la cure, il lui demanda si elle avait encore à se plaindre de quelque autre mal. Émilie lui répondit qu'elle avait été autrefois tourmentée par la toux. L'exorciste appela la toux, qui parut et disparut à son commandement. Il renouvela pour ce dernier symptôme de maladie l'exorcisme de guérison, et quitta enfin Émilie en déclarant à toute l'assistance que tout ce qui venait de se passer s'était accompli par la seule puissance de Dieu et ne tendait qu'à le glorifier et à confirmer la vérité de l'Évangile [1]. »

« Il ne sera pas nécessaire, ajoute M. Louis Figuier, de beaucoup insister pour établir que, dans ces exorcismes de Gassner, il n'y avait rien autre chose que des manipulations magnétiques. Si, dans le cas de la jeune Émilie, les mouvements ordonnés en latin étaient si littéralement exécutés par le sujet, c'est que la jeune Allemande, fort instruite, d'après le témoignage que

---

[1] Louis FIGUIER, *Histoire du merveilleux*, t. III, p. 135 et suiv.

nous avons rapporté, entendait parfaitement le latin. »

Enfin, on reconnait la puissance de la suggestion hypnotique dans l'obéissance passive du sujet aux injonctions de l'exorciste. On a pu s'apercevoir, également, que Gassner provoquait des suggestions à l'état de veille. Quant à ce pouvoir que possédait Émilie de modifier à volonté les battements de son pouls, ou le retrouve chez certaines névropathes et même chez des sujets sains. Lors de l'hystéro-démonopathie d'Auxonne, en 1562, plusieurs nonnes pouvaient suspendre à volonté les battements du pouls... « Denise Parisot commandée par Monseigneur de faire cesser entièrement le pouls au bras droit, pendant qu'il battait à gauche, et puis de transférer le battement du bras gauche au bras droit, pendant qu'il cesserait à gauche, elle l'a exécuté ponctuellement en présence du médecin (Morel) qui l'a reconnu et déposé, et en présence de plusieurs ecclésiastiques... La sœur de la Purification a fait la même chose deux ou trois fois... le faisant battre ou cesser, selon qu'il lui était commandé par l'exorciste [1]. »

De nos jours, la thérapeutique suggestive produit à chaque instant des résultats, et le nombre des troubles morbides névropathiques guéris par des pilules de mie de pain ou d'autres moyens aussi anodins est tellement considérable, que l'on pourrait presque se demander si la suggestion ne doit pas revendiquer la plus grande

---

. [1] CALMEIL, *De la folie*, etc., 1845.

part dans l'action et l'efficacité de beaucoup de médi-
caments.

C'est ainsi que chez les hypocondriaques, ou malades
imaginaires, il faudra bien se garder de les dissuader
des troubles qu'ils croient ressentir. On devra, au contraire, les confirmer dans leur souffrance toute subjective, et, par une médication purement imaginative,
mais qui n'en est pas moins réelle, chercher à obtenir
une guérison. — Un hypocondriaque se présenta un
jour à la consultation d'un des hôpitaux de Paris, affirmant que, depuis plusieurs mois, il avait dans le corps
un serpent qui l'empêchait de manger, de dormir, et
qui lui rongeait sans cesse les entrailles. Cet homme,
pâle, à la figure étirée, souffrait visiblement : plusieurs
médecins, qu'il était allé consulter, s'étaient moqués
de lui, lui disant que c'était un effet de son imagination, ce qui, bien entendu, n'avait fait qu'invétérer
davantage dans son esprit son idée morbide. C'est
alors qu'on abonda dans son sens et qu'on lui persuada
qu'on allait extirper de son corps ce parasite, qui
empoisonnait ainsi son existence. On le soumit au
sommeil chloroformique, et lorsqu'il fut réveillé, on
lui montra une superbe couleuvre... venant d'un bocal
de pharmacien. A partir de ce jour, ce malheureux,
persuadé qu'il était débarrassé de son hôte incommode,
recouvra le sommeil et les forces, et pendant six mois
se crut complétement guéri. Au bout de ce temps, on
fut fort étonné de le voir revenir, la mine aussi piteuse
que la première fois, et affirmant de nouveau qu'il

avait encore un serpent dans le corps..... « le premier
·étant une femelle qui avait laissé un petit après elle ».
— Une autre malade, également hypocondriaque, vint
nous trouver, se plaignant d'avoir un paquet de vers
au niveau du cœur, les sentant parfaitement, disait-
elle, s'enrouler autour de cet organe et le ronger
petit à petit. Nous lui persuadâmes qu'en lui appliquant quelques pointes de feu à ce niveau, la chaleur
du fer rouge les tuerait infailliblement. Le résultat
confirma notre affirmation : cette malade fut complétement guérie à la suite de cette suggestion.

Que de troubles nerveux essentiellement dynamiques,
ne s'accompagnant d'aucune lésion, ont été soulagés
ou guéris par la suggestion! Les annales de la science
renferment déjà plusieurs observations de paralysie des
deux jambes, ou d'hémiplégie, de nature hystérique,
guéries par des pilules de *mica panis*. Nous avons eu
nous-même l'occasion d'en observer deux cas fort
remarquables, à la Salpêtrière, alors que nous étions
interne dans le service de M. le Dr Luys. Nous allons
résumer brièvement ces deux intéressantes observations.

La nommée Marie Deff..., seize ans, non hypnotisable,
était atteinte d'une paralysie hystérique complète, avec
anesthésie, qui la confinait au lit depuis quinze mois.
Les muscles des jambes avaient déjà subi une atrophie
considérable. Aucun traitement n'avait pu amender cet
état (bromure de potassium, douches, électricité sta-
tique et faradique, etc.).

Le 23 janvier, nous ordonnons une potion dite *fulminante* (eau simple colorée avec une substance quelconque), en disant à la malade que c'est un poison très-actif.

Le 24 au matin, après une nuit d'insomnie complète, nous trouvons Marie D..... la face congestionnée, tourmentée par des palpitations constantes, et atteinte depuis quelques heures d'une paralysie flasque du bras gauche, sans anesthésie. Le résultat de notre potion imaginative avait, comme on le voit, dépassé notre attente : il faudrait que les causes morales destinées à influencer l'organe cérébral pussent se pondérer comme les agents médicamenteux.

Nous laissons la malade se reposer quelques jours ; puis, de façon à « bien la préparer », nous la purgeons le 30, nous la mettons à la diète le 31, et enfin le 1er février, nous lui prescrivons trois petites pilules de mie de pain, grosses comme des têtes d'épingle, en lui persuadant qu'elles contiennent un des poisons les plus violents que l'on connaisse ; nous lui affirmons en même temps qu'elle sera fort malade, mais aussi que l'effet sera certain. Marie D..... fut tellement effrayée, qu'il fallut pour ainsi dire lui faire prendre les pilules de force.

Deux heures après leur ingestion, la malade fut prise d'un état syncopal, avec pâleur des téguments, palpitations de cœur, de vomissements constants et de coliques atroces : ces phénomènes durèrent près de douze heures. Bientôt des fourmillements et des élan-

cements se firent sentir dans les bras et les jambes
paralysées, et le surlendemain, quelques mouvements
pouvaient être esquissés. Les jours suivants, la motilité revint peu à peu dans les jambes, permettant à
Marie D..... de marcher avec l'aide de deux personnes,
puis avec des béquilles; enfin, le quinzième jour, les
forces et la sensibilité étaient complétement revenues
dans les membres antérieurement paralysés : jusqu'à
ce moment, les pilules, disait-elle, continuaient encore
à « la travailler » [1].

Anna R... (v. obs. I, chap. VII) fut également guérie
d'une paraplégie hystérique, datant de cinq mois [2], par
deux petites pilules de *mica panis,* qui produisirent sur
elle les mêmes symptômes, mais moins violents, que
chez Marie D... (état syncopal, vomissements, coliques);
puis survint un délire complet que nous fîmes cesser,
au bout de douze heures, par l'hypnotisation. A son
réveil, la malade était complétement guérie et avait
recouvré les forces complètes dans ses jambes. Mais,
par un phénomène curieux dû à l'esprit d'imitation si
développé chez les femmes en général et chez les hystériques en particulier, les pilules avaient également produit, chez cette seconde malade, une paralysie flasque
du bras gauche : Anna R... s'était, pour ainsi dire,

---

[1] La motricité n'étant pas complétement revenue dans le bras
gauche, nous la rétablîmes à l'aide de la double aimantation
croisée.

[2] Cette paraplégie avait été considérablement améliorée par
la suggestion posthypnotique, et la malade marchait déjà avec
des béquilles quand nous lui ordonnâmes des pilules de mie de
pain.

suggéré d'une façon inconsciente, par imitation, la monoplégie brachiale qu'elle avait vue se développer chez sa compagne Marie D..., à la suite de l'administration des mêmes pilules. Nous ajouterons que cette nouvelle paralysie fut de courte durée, et disparut au bout de quelques jours à la suite d'une attaque.

En faut-il davantage pour justifier les quelques réels succès des homœopathes! De même les cures produites dans les campagnes par les « sorciers[1] », les « curés guérisseurs », les « somnambules extralucides »; de même les cures dites « miraculeuses » observées à la suite de certains pèlerinages : « la guérison s'effectue en conséquence de la suggestion, et quand on dit que *c'est la foi qui sauve*, on ne fait qu'employer une expression rigoureusement scientifique. Il ne s'agit plus de nier ces « miracles », mais d'en comprendre la genèse et d'apprendre à les imiter[2]. » On pourrait ajouter qu'il en est des superstitions comme des remèdes nouveaux, qui guérissent toujours au moment où on les lance. Les croyances nouvellement inventées produisent constamment des miracles à leur début : tant est puissante l'action de l'élément surnaturel ou mystérieux sur l'imagination, l'émotivité et la crédibilité du cerveau humain! Les fondateurs de la médecine l'avaient bien compris, et Galien, cité par Salverte, avait raison de dire, dans son livre des *Incantations :* « Quand l'imagination fait désirer au malade un remède, ce qui naturellement est

---

[1] F. BOTTEY, *la Sorcellerie dans le Béarn; Progrès médical,* 1882.
[2] Ch. FÉRÉ, *la Médecine d'imagination; Progrès médical,* avril 1884

sans efficacité peut en acquérir une très-favorable ; ainsi un malade peut être soulagé par des cérémonies magiques, si, d'avance, il est persuadé qu'elles doivent opérer sa guérison[1]. »

[1] DECHAMBRE, *Dict. encycl. des sciences médicales*, art. *Mesmérisme*.

CHAPITRE XII

LES ÉTATS HYPNOTIQUES.

Hypnotisme spontané. — Cas de léthargie et de catalepsie. — Influence des émotions morales. — Se rattachent fréquemment à l'hystérie ou à un état névropathique. — Extase cataleptique de sainte Thérèse et des extatiques. — Somnambulisme spontané. — Fréquence des faits d'hypnotisme spontané dans les épidémies de folie religieuse des seizième, dix-septième et dix-huitième siècles. — États bizarres se rencontrant de nos jours dans certains pays, et présentant une grande analogie avec l'hypnotisme. — Miryatchit en Russie. — Latas de la Malaisie. — Sauteurs français du Maine. — États hypnotiques analogues ou identiques à l'hypnotisme provoqué. — Fakirs des Indes. — Moines du mont Athos. — Nirvâna des prêtres bouddhistes. — Aïssa-Ouas en Afrique. — Mandeb des sorciers de l'Égypte. — Gzanes arabes de l'Algérie. — Marabouts du Maroc. — Hypnotisme provoqué chez les animaux.

A côté de l'hypnotisme *provoqué,* dont on peut produire artificiellement les différentes phases, il existe un autre ordre de manifestations hypnotiques, se développant d'une façon absolument spontanée dans certains cas, ou tout au moins sans l'action d'aucun procédé hypnogène expérimental. Ces états hypnotiques spontanés se présentent également sous forme de léthargie, de catalepsie et de somnambulisme. Dans beaucoup de cas, ils constituent de véritables manifestations morbides; dans d'autres, au contraire, ils se montrent chez des sujets qui ne présentent aucune affection nerveuse constituée : nous verrons que, dans le mécanisme de leur production, on peut invoquer des causes analogues à celles que nous connaissons pour l'hypnotisme provoqué.

Les accès de léthargie spontanée sont assez fréquents, et relèvent pour la plupart de l'hystérie, dont ils constituent l'attaque à forme léthargique. La similitude avec la mort apparente est quelquefois tellement frappante, que le grand anatomiste André Vésale porta un jour le scalpel sur un corps qui semblait privé de vie, et auquel la léthargie seule donnait ainsi l'image de la mort.

La durée de ces accès peut être fort longue. Il y a en ce moment, à l'hospice de la Salpêtrière, une malade en léthargie depuis plusieurs mois, et que l'on nourrit à l'aide d'aliments liquides. On cite également à Thénelles, dans l'Aisne, une jeune fille qui depuis quatorze mois est plongée dans le sommeil léthargique : cet état survint à la suite d'une frayeur qu'elle ressentit en présence d'une descente de justice faite dans sa chaumière. Les émotions morales, en effet, sont une cause puissante de léthargie, chez des sujets prédisposés.

Certains cas tiennent en quelque sorte le milieu entre la maladie et l'état physiologique; ce sont ceux qu'on observe à la suite d'un travail excessif et longtemps continué. C'est ainsi que Félix Plater rapporte celui d'un homme qui, excédé de fatigue, dormit trois jours et trois nuits. Salmuth raconte qu'une jeune fille ayant dansé pendant deux jours, dormit quatre jours et quatre nuits. Faut-il voir dans ces deux cas la véritable léthargie telle que nous l'avons décrite, ou seulement l'exagération du sommeil normal, physiologique?

Dans les relations historiques sur la vie des cloîtres et des couvents, on trouve fréquemment des cas de léthargie due, soit à l'hystérie, soit à la surexcitation de certaines fonctions cérébrales déterminée par l'exaltation religieuse. En 1611, lors de l'épidémie de folie des filles de Sainte-Ursule d'Aix, dans laquelle le prêtre Gaufridi trouva la mort sur le bûcher, Madeleine Mandol tomba en léthargie, ainsi que le rapporte l'inquisiteur Michaëlis. « Or il arriva sur le soir, quand on avait coutume de faire venir Magdeleine à la Sainte-Baume, pour l'exorciser, qu'on la trouva toute roide comme une statue de marbre et tout endormie, et qu'il la fallut porter à quatre dans l'église, où elle fut fort longtemps sur le marchepied du maître-autel... Le 2 avril, Belzébuth assoupit Magdeleine et la rendit immobile comme une colonne d'airain. »

« Le pape Benoît XIII, dit Favrot [1], déclare, dans la bulle de canonisation de sainte Marguerite de Cortone, qu'elle a été rendue participante, comme elle l'avait désiré ardemment, des douleurs du Christ; il lui arrivait quelquefois d'être aliénée de ses sens et de demeurer quelque temps dans un état pareil à celui de la mort. »

[1] *Thèse,* 1844.

D'après Carré de Montgeron [1], « Madeleine de Pazzi tombait à terre et y demeurait jusqu'à cinq et six heures dans une espèce de léthargie », autour du tombeau du diacre Pâris, dans le cimetière de Saint-Médard (1731).

Sous le nom de « syncope par imitation », on a décrit un état qui se montre spontanément chez des jeunes filles réunies dans les couvents, les églises, aux époques où se multiplient les exercices religieux. Une seule syncope entraine celle d'une dizaine d'autres personnes : cette affection est guérie par des pilules imaginatives, *mica panis*. (BOUCHUT.) Ces soi-disant syncopes ne sont, pour nous, qu'un état hypnotique se développant spontanément chez une première jeune fille, et gagnant successivement les autres par suggestion et imitation. Tantôt, en effet, on note un véritable sommeil, avec perte de la notion du monde extérieur (léthargie), tantôt la malade entend ce qui se dit autour d'elle (somnambulisme).

Les faits de catalepsie spontanée sont extrêmement fréquents. Le plus souvent, ils surviennent chez des individus prédisposés par un état névropathique quelconque, en particulier par l'hystérie. Chez certains aliénés, chez des paralytiques généraux au début, M. le Dr Luys a vu fréquemment survenir spontanément des attitudes cataleptiques diverses que l'on pouvait modifier à son gré [2].

---

[1] *La Vérité des miracles,* 1737.

[2] Fait d'autant plus curieux qu'il est extrêmement difficile d'hypnotiser artificiellement les aliénés.

Nous allons rapporter quelques cas de catalepsie spontanée dans lesquels on retrouve, comme causes occasionnelles, des impressions cérébrales imaginatives et émotives de toute nature (affections morales, passions diverses, exaltation religieuse, etc.), et dont le mécanisme, en produisant directement sur les centres nerveux une sorte de modification dynamique autochthone, agit en définitive de la même façon que la suggestion : on retrouve, du reste, très-nettement, l'influence suggestive dans plusieurs de ces cas.

« L'an 1415, il arriva, dans l'église des Cordeliers de Toulouse, un accident digne de remarque. Un religieux disant la messe, après l'élévation du calice, comme il faisait la génuflexion ordinaire, demeure roide et immobile, les yeux ouverts et dirigés vers le ciel; le frère qui servait la messe, le voyant trop longtemps en cet état, l'ayant secoué plusieurs fois par la chape, il n'en resta pas moins dans la même immobilité. Ceux qui entendaient la messe s'en étant aperçus, il se fit une grande rumeur dans l'église, tout le monde criant au miracle. Un médecin, nommé Natalis, s'approcha du religieux, lui tâta le pouls, et vit qu'il n'y avait aucun miracle à cela, que le religieux était sujet à une certaine maladie fort difficile à guérir. Cependant on releva le religieux, et un autre dut achever la messe, comme il est ordonné par le rituel. Mais à peine le second religieux eut-il achevé l'Oraison dominicale, qu'il fut frappé du même saisissement, en sorte qu'il fallut aussi l'emporter.

« Cependant, il fallait achever la messe, et tous les

moines, effrayés, regardaient l'autel avec effroi; on en choisit pourtant un des plus vigoureux, et la messe s'acheva.

« L'opinion du médecin fut, à l'égard du premier religieux, qu'il avait été surpris dans le moment de la maladie appelée catalepsie; à l'égard du second, que c'était l'effet de la peur et de son imagination frappée[1]. »

« Un prêtre romain était saisi d'un accès de catalepsie chaque fois qu'en récitant l'histoire de la Passion, il arrivait au mot *consummatum est*.

« Rondelet, qui fut témoin de ce fait, dit que cet homme, d'un naturel mélancolique, avait l'imagination frappée et s'imaginait ne pas pouvoir entendre ces mots[2]. »

« Fr. Hoffmann vit une femme, d'un esprit peu cultivé, mais qui s'occupait sans cesse de sujets religieux, être prise de catalepsie, chaque fois qu'elle entendait un psaume ou quelque passage qui retraçait vivement l'amour du Christ[3]. »

Le Dr Jolly a vu une dame qui tombait dans un état cataleptique, pendant la messe, au moment de l'élévation.

« Une fille de cinq ans, ayant été un jour vivement choquée de ce que sa sœur avait enlevé, pendant le repas, un morceau choisi dont elle avait elle-même

[1] Histoire tirée des *Annales de Toulouse,* par G. DE LA FAILLE, ancien capitoul de cette ville.
[2] Cité par FAVROT, 1844.
[3] *Ibid.*

envie, devint roide tout à coup. La main qu'elle avait étendue vers le plat, avec sa cuiller, demeura dans cet état; elle regardait sa sœur de travers avec des yeux d'indignation; quoiqu'on l'appelât à haute voix et qu'on l'excitât vivement, elle n'entendait point; elle ne remuait ni la bouche ni les lèvres; elle marchait lorsqu'on la poussait et qu'on la conduisait avec la main; ses bras, lorsqu'on les tirait en haut, en bas ou transversalement, restaient dans la même situation : vous eussiez cru voir une statue de cire. Cet accès cessa au bout d'une heure environ. » (TISSOT, 1813.)

« M. C..., ayant les cartes à la main pour jouer, ou le fusil prêt à tirer à la chasse, est souvent resté immobile, dans la même posture où l'accident de la catalepsie le surprenait. Il avait les yeux ouverts et ne voyait rien, il ne sentait rien; et quand l'accident finissait dans l'espace de quelques secondes, il ne lui restait aucun souvenir de ce qui s'était passé pendant l'attaque, ni même en quoi était le triomphe des cartes ou sur quel gibier il avait voulu décharger son fusil. » (PLANQUE, cité par BOURDIN.)

Le Dr Henri Joseph rapporte qu'un soldat fut frappé de catalepsie pendant qu'il était en faction. Ce ne fut qu'au moment où on alla le relever que l'on s'aperçut de son état.

Dans une rixe entre militaires, l'un d'eux, voulant lancer une bouteille à la tête d'un de ses adversaires, resta roide et immobile, la main en l'air et tenant toujours la bouteille, les yeux ouverts, le regard furieux.

« Un jeune Anglais fut tellement frappé d'un refus de mariage auquel il ne s'attendait pas, qu'il devint roide comme un tronc d'arbre, et resta toute la journée en catalepsie, les yeux ouverts, conservant dans son fauteuil les mêmes positions. Il ne perdit pas un instant cette expression de visage, à tel point qu'on eût juré voir une statue plutôt qu'un homme ; ses membres étaient roides et immobiles. Lorsqu'on lui eut crié qu'il pouvait espérer d'obtenir la main de celle qu'il aimait, il revint aussitôt à lui-même, s'élança de son siége, et conserva dès lors toutes ses facultés. » (TULPIUS, *Observat. medicarum.*)

Boerhaave raconte qu'en voulant dire adieu sur le seuil de la porte à un homme d'un caractère mélancolique chez lequel il avait diné, celui-ci resta immobile, sans lui répondre : on cria, on le pinça, on le poussa, tout fut inutile. Cet état ne cessa qu'au bout d'un quart d'heure.

Dans les fréquentes épidémies de folie religieuse qui se sont montrées depuis la Renaissance jusqu'à notre siècle [1], et où tant de malheureuses victimes ont trouvé la mort, on rencontre de nombreux faits de catalepsie et de somnambulisme, tantôt spontanés, tantôt provoqués par les exorcistes ; ces accès n'étant souvent eux-mêmes que le reflet d'états hystériformes produits par l'exaltation religieuse, et se développant sur une vaste

---

[1] Voir CALMEIL, *De la folie considérée au point de vue pathologique, philosophique, historique et judiciaire, depuis la Renaissance jusqu'au dix-neuvième siècle,* 1845.

échelle par suite de l'imitation et de la contagion nerveuse : sous ce rapport la vie dans les cloîtres et dans
les couvents offrait un milieu des plus favorables à
l'éclosion de ces accidents.

Citons d'abord quelques faits de catalepsie.

La Ménarday[1], un des historiens du temps, donne
les détails suivants sur l'épidémie des Ursulines de Loudun (1632 à 1639) : « Dans leurs assoupissements, elles
devenaient souples et maniables comme une lame de
plomb, en sorte qu'on leur pliait le corps en tous sens,
en devant, en arrière, sur les côtés, jusqu'à ce que la
tête touchât par terre ; et elles restaient dans la pose
où on les laissait jusqu'à ce qu'on changeât leurs attitudes. »

« Pendant l'exorcisme de la prieure, madame de
Sazilli, le P. Élisée lui fit une telle extension de jambes
en travers qu'elle touchait du périnée contre terre ; et
pendant qu'elle était dans cette posture, il lui fit tenir
le tronc du corps droit et joindre les mains. »

Bosroger[2], l'historien de l'épidémie névropathique
des religieuses de Sainte-Élisabeth de Louviers, rapporte que la plupart restaient immobiles, pendant une
heure, dans les positions les plus étranges et les plus
insolites. « L'une d'elles s'était trouvée bien souvent
pliée en arc parfait, la tête contre les pieds jusque sur
la bouche, et le ventre élevé en arcade... Une autre, la

---

[1] *Examen et discussion critique de l'histoire des diables de Loudun,*
Liége, 1748.
[2] *La Piété affligée,* Rouen, 1752.

sœur Louise de l'Ascension, possédée par *Orphaxat,* restait le corps en l'air, les deux bras étendus et courbés en arrière, la tête toute renversée sur le dos jusqu'aux reins, les pieds et les jambes rejetés tout de même en arrière et proche de la tête, sans que les genoux, ni les cuisses, ni le ventre, ni l'estomac, ni aucune partie du corps touchassent le sol, sinon le flanc gauche... Une troisième demeura quelque espace de temps appuyée seulement sur le talon droit, le corps violemment replié en arrière, la tête contre les talons, à deux doigts proche de terre, les bras roidement étendus de toute leur force, le pied gauche en l'air... »

« Cent fois les démons, au sortir des exorcismes, et en d'autres rencontres, ont essayé de précipiter les énergumènes dans le puits, et autant de fois elles se sont trouvées dans la capacité et le vaste du puits, tantôt tout le corps descendu et ne se tenant plus que du bout des épaules appuyées contre un des bords, et du bout du pied contre l'autre bord au-dessus du puits; tantôt en descendant avec toute la longueur du corps, et l'autre pied en l'air dans le rond du même puits.

« La sœur Marie du Saint-Esprit fut trouvée couchée en travers sur l'ouverture du puits, soutenue seulement d'un côté par les pieds et de l'autre par la tête. Trois démoniaques, qui se disaient possédées par les diables *Incitif, Putiphar* et *Ramond,* et plusieurs autres religieuses, s'exerçaient quelquefois à se renverser au-dessus des margelles, se tenant seulement cramponnées avec les doigts aux angles de la pierre. »

De 1550 à 1553, les nonnes du couvent d'Uvertet avaient présenté les mêmes phénomènes. Nous en dirons autant des religieuses du monastère de Sainte-Brigitte. De même dans un des cloîtres de la ville d'Auxonne, en 1662. La catalepsie se montra également chez les Anabaptistes en 1686, ainsi que chez les trembleurs des Cévennes, les prophètes calvinistes du Dauphiné et du Vivarais.

En 1673, d'après Kniper, dans l'hospice des orphelines de Hoorn, quelques femmes devenaient tellement roides, pendant plusieurs heures de suite, qu'on pouvait les porter où l'on voulait, en les prenant seulement par la tête et par les pieds.

Dans le cimetière de Saint-Médard, autour du tombeau du diacre Paris, de 1731 à 1740, « quelques convulsionnaires, dit Carré de Montgeron, sont restés deux ou même trois jours de suite les yeux ouverts, sans aucun mouvement, ayant le visage très-pâle, tout le corps insensible, immobile et roide comme celui d'un mort... Marguerite du Saint-Sacrement devenait rigide comme un cadavre... »

L'extase de sainte Thérèse, si célèbre dans les annales religieuses, et qui représente le prototype des nombreuses extases de toutes les religions, n'est autre chose qu'une attitude cataleptique provoquée, soit par une hallucination primitive et spontanée suivie d'une contemplation plus ou moins prolongée, soit par la concentration cérébrale dirigée vers une idée (l'idée de Dieu, par exemple). Nous avons reproduit ces extases dans l'expérience suivante, où, comme on le pense bien, nous avons été forcément obligé de nous passer de l'intervention divine. Nous donnons à un de nos sujets, L. L..., à l'état de veille, une hallucination de la vue consistant en un ange planant dans les airs au milieu d'une éblouissante clarté : la physionomie prend aussitôt un air béat, et, pour compléter le tableau, nous lui faisons placer les bras dans l'attitude de l'extase. A ce moment, nous frappons brusquement dans nos mains, et ce bruit inattendu, joint à la contemplation de son hallucination (véritable sensation extériorisée), fixe aussitôt L. L... dans l'état cataleptique et dans l'attitude expressive qu'elle avait antérieurement.

Si, à un sujet hypnotisable et très-sensible, nous substituons, ce qui est absolument identique, une personne, hystérique le plus souvent, dont les fonctions cérébrales imaginatives sont considérablement exaltées par les idées religieuses (sainte Thérèse et les extatiques par exemple), nous arrivons parfaitement à comprendre ces états d'extase cataleptique, dans lesquels la multitude voyait une intervention céleste, et qui ne sont, en définitive, que la reproduction spontanée de notre extase expérimentale de tout à l'heure.

Quelques fragments extraits de l'autobiographie de sainte Thérèse elle-même [1] nous montreront, du reste, toute la réalité de l'état hypnotique dans ces circonstances, ainsi que son mode de production. « Quelque-

---

[1] *Vie de sainte Thérèse*, écrite par elle-même, traduite par le R. P. BOUIX.

fois, au milieu d'une lecture, j'étais tout à coup saisie du sentiment de la présence de Dieu. Il me fut impossible de douter qu'il ne fût au dedans de moi. » C'est l'hallucination qui se produit. — « Elle (la vision) suspend l'âme de telle sorte qu'elle semble être tout entière hors d'elle-même. La volonté aime, la mémoire me paraît presque perdue, l'entendement n'agit point, néanmoins il ne se perd pas. » On suit la progression du processus hypnogène. — Puis « sans savoir comment elle (la volonté) se rend captive, elle donne simplement à Dieu son consentement, afin qu'il l'emprisonne, sûre de tomber dans les fers de celui qu'elle aime ». L'état hypnotique devient de plus en plus complet. — « Je regarde comme un très-grand avantage, lorsque j'écris, de me trouver actuellement dans l'oraison dont je traite, car je vois clairement alors que ni l'expression ni la pensée ne viennent de moi, et quand c'est écrit, je ne puis plus comprendre comment j'ai pu le faire. » Oubli complet du souvenir à l'état de veille.

Il ne faudrait pas croire cependant que l'état hypnotique puisse expliquer les accès de toutes les extatiques. Il en est un grand nombre, parmi lesquelles nous citerons Louise Lateau, Marie de Mœrl, etc., dont les extases n'étaient autre chose que des attaques de grande hystérie, dans lesquelles prédominait la phase des attitudes et des scènes passionnelles, comme celles de la Passion, de la Nativité et de bien d'autres épisodes religieux. Celles-ci ont été canonisées, tandis que par une cruelle bizarrerie du sort, il en est d'autres qui ont été exorcisées ou brûlées : moins heureuses que les précédentes, elles manifestaient leurs attaques par des contorsions et des mouvements convulsifs : donc le démon les possédait!

C'est incontestablement à un état analogue à l'hypnotisme, survenant à la suite de l'exaltation religieuse, que sont dus tous ces faits d'insensibilité à la douleur observés chez les martyrs du christianisme. A l'état de veille, même, l'exagération des fonctions imaginatives ou l'exaltation de la foi pouvaient suffire pour provoquer un état d'anesthésie qui leur permettait de supporter les tortures sans souffrances.

Les faits de somnambulisme ne sont pas moins fréquents dans les épidémies de folie que nous avons relatées tout à l'heure. Nous allons voir que les exorcistes le provoquaient souvent par leurs manœuvres, et qu'ils mettaient en usage, sans s'en douter, la puissance de la suggestion.

Les nonnes du cloître d'Auxonne (1652 à 1662), raconte Calmeil[1], « entraient dans le somnambulisme, tantôt au commandement des exorcistes, tantôt à l'heure indiquée par leurs compagnes d'infortune. L'évêque de Châlons ayant commandé au démon qui possédait la nommée Denise de suspendre la sensibilité de cette fille et de la rendre inaccessible à la souffrance, on put enfoncer une épingle sous la racine de l'ongle sans obtenir un signe de douleur. »

_____

[1] *Loc. cit.*, t. II, p. 134.

« L'évêque de Châlons, dit le même auteur[1], rapporte
que toutes lesdites filles, au nombre de dix-huit, tant
séculières que régulières, et sans en excepter une, lui
ont paru avoir le don de l'intelligence des langues, en
ce qu'elles ont toujours répondu fidèlement au latin
qui leur était prononcé par les exorcistes, qui n'était
point emprunté du rituel, et encore moins concerté
avec eux : souvent elles se sont expliquées en latin,
quelquefois par des périodes entières, quelquefois par
des discours achevés...

« Que toutes ou presque toutes ont témoigné avoir
connaissance de l'intérieur et du secret de la pensée,
quand elle leur a été adressée ; ce qui a paru particulièrement dans les commandements intérieurs qui leur
ont été faits très-souvent par les exorcistes en diverses
occasions, auxquelles elles ont obéi très-exactement
pour l'ordinaire, sans que les commandements fussent
exprimés ni par paroles ni par aucun signe extérieur,
ce dont ledit seigneur évêque a fait plusieurs expériences, entre autres sur la personne de Denise Parisot... à laquelle ayant fait commandement, dans le fond
de sa pensée, de le venir trouver pour être exorcisée,
elle y est venue incontinent, quoique demeurant dans
un quartier de la ville assez éloigné, disant au seigneur
évêque qu'elle avait été commandée par lui de venir :
ce qu'elle a fait plusieurs fois... Et encore en la personne de sœur Jamin, novice, qui, en sortant de l'exorcisme, lui dit le commandement intérieur qu'il avait

[1] *Loc. cit.*, p. 137

fait au démon pendant l'exorcisme; et en la personne de la sœur Borthon, à laquelle ayant commandé mentalement au plus fort de ses agitations de venir se prosterner devant le Saint Sacrement, le ventre contre terre et les bras étendus, elle exécuta le commandement au même instant qu'il eut été formé, avec une promptitude et une précipitation tout extraordinaires. »

On reconnait dans ces faits l'exaltation et la reviviscence de la mémoire propres au somnambulisme. Qu'y avait-il d'étonnant, en effet, à ce que des filles se rappelassent, pendant l'état hypnotique, une langue qu'elles entendaient prononcer à tout moment, depuis plusieurs années? Quant à cette prétendue perception de la pensée, admise par les exorcistes et qui les étonnait si fort, il nous suffira d'invoquer cette intuition si grande, cette hyperacuité des sens si intense, cette tendance si marquée à reproduire ce qui a été fait antérieurement, phénomènes caractérisant l'état somnambulique, et en vertu desquels les démonopathes d'Auxonne se jouaient à leur insu de la bonne foi et de l'ignorance des théologiens d'alors.

L'épidémie de théomanie qui éclata parmi les Jansénistes après la mort du diacre Pâris (1731-1741), nous offre quelques exemples d'états hypnotiques pendant lesquels les théomanes improvisaient de longs discours dans des langues étrangères et jusque-là inconnues. Montgeron rapporte que la demoiselle Lordelot, sœur d'un avocat au Parlement, qui avait depuis sa naissance une assez grande difficulté à s'exprimer, prononçait néanmoins ses discours avec toutes les grâces et la facilité possibles, bien que les mots qu'elle inventait fussent tellement rudes que toute autre personne n'aurait pu que difficilement les articuler. De même la demoiselle D..., qui n'avait jamais eu de voix, chantait dans la perfection des cantiques en langue inconnue, et sa musique jetait tous ceux qui l'entendaient dans l'admiration. Mademoiselle Lordelot chantait aussi dans une langue à part, tout à fait mélodieusement...

Ces improvisateurs ignoraient complétement, du reste, la signification de leurs paroles, aussitôt que leurs discours étaient terminés ; mais il est probable qu'ils en comprenaient le sens à mesure qu'ils parlaient : les mots devaient avoir pour eux une signification, et saint Paul s'avançait trop lorsqu'il affirmait que la plupart des prophètes qui prononçaient des discours en langue inconnue ne les entendaient pas [1].

En 1732, éclata près de Bayeux une épidémie de délire antireligieux, dans laquelle on note de nombreux faits de somnambulisme. L'aspect d'un lieu saint, la vue d'une croix, d'une étole, d'un autel, le son des cloches, les démonstrations du prêtre dans les différentes phases de la messe, etc., suffisaient pour provoquer un accès. L'une des filles qui en étaient atteintes

---

[1] Tous ces faits sont à rapprocher des cas où certains « spirites » ou « médiums » parlent en latin, font des vers, improvisent, soit dans leur langue, soit en langue inconnue, en un mot accomplissent des actions dont ils seraient incapables à l'état de veille, et qui s'expliquent très-bien par l'état hypnotique dans lequel ils sont plongés et qui laisse après lui l'oubli complet de tout souvenir.

marchait en arrière comme en avant sur un mur très-haut, avec une grande vitesse, sans faire le moindre faux pas. Elle se jetait plusieurs fois avec violence dans un puits, sans autre appui que de se tenir suspendue au bord par les mains. Une autre passait son corps par les fenêtres dans des positions extrêmement dangereuses.

Le passage suivant nous montre l'effet de la suggestion dans toute sa puissance. « Les malades de la paroisse de Landes, dit Calmeil [1], convaincues que le démon ne veut pas qu'elles récitent des prières, qu'elles fassent des lectures pieuses, qu'elles écoutent la parole du prédicateur, deviennent parfois muettes lorsqu'on leur ordonne de répéter des oraisons, aveugles dès qu'elles ouvrent un livre d'église, sourdes dès qu'elles se recueillent pour entendre le sermon d'un prêtre ; que si la phonation et l'exercice des facultés sensitives restent libres, une oblitération subite des facultés intellectuelles les met aussitôt dans l'impossibilité de comprendre et de penser. L'application de l'eau bénite, des reliquaires, des objets saints, fait cesser la paralysie musculaire, l'occlusion des sens, la suspension des actes de l'intelligence ; retenez bien que ces monomaniaques sont persuadées que le démon est contraint de faire sa retraite lorsqu'il perçoit le contact de ces différents corps. Une goutte d'eau bénite, en tombant sur leur chair, y a souvent excité des sensations cuisantes. »

Dans l'épidémie extato-convulsive des calvinistes des

[1] *Loc. cit.*, t. II, p. 412.

Cévennes (1707), on retrouve quelques faits de somnambulisme, comme le prouve l'observation suivante
d'Isabeau Vincent, dite la bergère du Cret : « Quelquefois elle paraissait comme ensevelie dans une léthargie
profonde, dont on cherchait vainement à la retirer.
Quand elle se trouvait dans ces dispositions, on pouvait l'appeler, la secouer, la pousser, la pincer, la
brûler sans la faire sortir de son état apparent de sommeil. Souvent, tout en ayant l'air de dormir, elle se
mettait à chanter des psaumes d'une voix claire et intel-
ligente. Les mouvements de ses lèvres étaient modérés,
exempts de spasmes, ses gestes mesurés et convenables.
Après avoir chanté, on l'entendait improviser des
prières, réciter de longs paragraphes de la Bible, com-
menter les saintes Écritures, apostropher les impies,
débiter des sermons pleins de force.

« Ce besoin de parler se déclarait pendant que la
bergère reposait encore dans son lit. Au sortir de
l'accès, elle ne se souvient pas du tout de ce qui s'est
passé, ni de ce qu'elle a dit ; elle soutient qu'elle a fort
bien dormi, et ne paraît pas du tout fatiguée, quoiqu'elle ait parlé quelquefois trois, quatre et cinq heures
de suite ; car ses extases ne durent pas moins. Il est
vrai qu'elle ne parle pendant ce temps que par intervalles, et que ses discours ne sont jamais suivis [1]. »

Les deux faits suivants, cités par Favrot, se rap-
portent également à des cas de somnambulisme spontané.

---

[1] CALMEIL, *loc. cit.*, t. II, p. 300.

« Il est rapporté dans la *Vie de la Vénérable Mère de Ponsonas* que très-souvent elle pénétrait l'intérieur des personnes, en leur disant ce qu'elle savait de leurs propres pensées; elle les surprenait si étrangement, qu'elles n'avaient pas la force de lui désavouer l'état de mort dans lequel elles vivaient.

« Elle ramena par ce moyen plusieurs personnes à la pratique des conseils évangéliques, et, entre autres, un prêtre qui, sous l'apparence d'une piété dissimulée, commettait les derniers excès, et des femmes assez qualifiées dont les crimes étaient horribles. Mais ce qu'il y avait en cela de plus merveilleux, c'est que, comme elle ne révélait ces mystères d'iniquité que par une lumière extraordinaire et par une impulsion de l'esprit de Dieu, lorsque cette lumière était dissipée et que ce mouvement était passé, il ne lui restait aucune idée des choses qu'elle avait dites, de sorte que, quand on les lui redisait et qu'on lui montrait même les lettres où elle les avait écrites, elle en était extrêmement étonnée, et à peine en pouvait-elle croire ses oreilles et ses yeux. »

« Le pape Clément X, dans la bulle de canonisation de sainte Madeleine de Pazzi, dit qu'en 1585, la Très-Sainte Trinité lui fit une faveur très-singulière, car depuis la veille de la Pentecôte, elle fut aliénée de ses sens pendant huit nuits de suite, pendant lesquelles elle prédisait des choses étonnantes. »

Comme on a pu le voir tout à l'heure, certains états somnambuliques étaient provoqués par les exorcismes,

qui agissaient comme une véritable suggestion analogue au sommeil suggestif que nous avons maintes
fois déterminé expérimentalement. Nous avons, du
reste, pour montrer cette analogie, décrit longuement
l'exorcisme pratiqué par Gassner sur une jeune malade,
dans un but curatif (v. ch. xi). On note une grande
ressemblance entre ces pratiques et celles que l'on
mettait en usage dans les épidémies de démonolâtrie,
pour chasser le démon du corps des « possédées ».
Souvent aussi, il faut bien le dire, les séances d'exorcismes ne provoquaient pas l'état hypnotique : elles
aboutissaient fréquemment à des attaques hystériformes
déterminées, comme par une véritable suggestion, par
l'effet des manœuvres du prêtre et par la vue du saint
ciboire ou des objets sacrés. (Exorcismes de la supérieure Jeanne de Belfiel, dans l'épidémie des Ursulines
de Loudun, 1639.) (V. note C.)

Les faits de somnambulisme spontané sont très-fré-
quents [1] : on les note surtout dans l'enfance et dans
l'adolescence. Lorsqu'ils se montrent à un âge plus
avancé, ils sont le plus souvent le reflet d'états morbides, dont ils constituent quelquefois un des pro-
dromes. C'est ainsi que, lors de la catastrophe de la
rue François-Miron, à Paris, en 1882, un homme fut
subitement plongé en un état de somnambulisme par
le bruit de l'explosion. Il partit aussitôt de chez lui et

---

[1] On sait tout le parti scénique que le poëte Shakespeare a su
tirer de cet état, dans sa scène de *Macbeth*.

se rendit en Italie, où il voyagea ainsi pendant plusieurs semaines, toujours plongé dans l'état hypnotique[1] : à son réveil, il n'eut aucun souvenir du voyage qu'il venait d'accomplir. M. le Dr Luys, qui, depuis, a eu l'occasion de voir cet homme, a constaté chez lui les symptômes de la paralysie générale au début.

Nous donnons en ce moment nos soins à une femme, âgée de quarante-cinq ans environ, atteinte depuis quelques mois de somnambulisme spontané, dont les accès la prennent presque tous les jours. Cette malade, qui est revendeuse aux Halles centrales, continue à vendre sa marchandise pendant ses accès, absolument comme à l'état normal : leur durée varie entre dix minutes et une demi-heure, et quelquefois il lui est arrivé de se réveiller, fort étonnée, en omnibus ou sur un bateau-mouche. Cette femme prétend avoir eu, il y a trois ans, quelques attaques mal déterminées; ces accès constituent donc chez elle une véritable affection, et ce qui tend à confirmer cette opinion, c'est l'impossibilité dans laquelle nous avons toujours été de l'hypnotiser artificiellement, malgré de nombreuses tentatives.

Plusieurs maladies sont des causes prédisposantes du somnambulisme spontané. En première ligne l'hystérie, dont l'attaque est quelquefois uniquement constituée par un état somnambulique, soit isolé, soit s'alliant à la catalepsie; — l'épilepsie, des états névropathiques

---

[1] Dans ces états somnambuliques spontanés, les yeux sont presque toujours ouverts.

divers. Le somnambulisme spontané peut être symptomatique d'une lésion traumatique ou organique du cerveau[1] : c'est ainsi qu'un soldat observé par M. le Dr Mesnet fut frappé à Bazeille d'une balle qui lui enleva une partie du pariétal droit, et devint, quatre mois après sa blessure, sujet à des accès de somnambulisme. On l'a également observé dans la convalescence de certaines maladies inflammatoires ou infectieuses : dans ces cas, il faut bien le dire, il s'agissait plutôt d'un délire à forme somnambulique, que du somnambulisme véritable.

On rencontre dans certains pays des états bizarres, encore mal connus, et dont quelques médecins font des types morbides, qui présentent une grande analogie avec le somnambulisme spontané. « Dans un très-intéressant récit, dit le Dr Hammond[2], d'un voyage fait de l'océan Pacifique à travers l'Asie jusqu'aux États-Unis, des officiers de la flotte américaine, MM. Buckingam, G. Foulk et Walter Melean, ont observé une affection du système nerveux qui m'a paru digne d'être présentée à l'observation de ceux qui cultivent la science médicale. Je laisse la parole aux narrateurs.

« La Compagnie se trouvait sur le fleuve Ussur, près de sa jonction avec l'Amour, dans la Sibérie orientale Au moment où nous arrivions au rivage, nous nous

---

[1] Voir BALL et CHAMBARD, *Dictionnaire encyclopédique des sciences médicales*. Art. *Somnambulisme.*

[2] *Union médicale*, 24 avril 1884.

aperçûmes que notre compagnon, un capitaine d'état-major de l'armée russe, s'était approché subitement du pilote du navire, et, sans motif, lui frappait le visage de ses mains. Après quoi le pilote répétait exactement le geste et le regardait ensuite d'un œil courroucé.

« L'incident nous parut d'autant plus curieux qu'il dénotait une familiarité difficile à expliquer. Ensuite nous vîmes le pilote faire un nombre indescriptible de ces mouvements, qui nous firent comprendre de quoi il retournait. Il semblait affecté d'une maladie mentale et nerveuse qui l'obligeait à imiter tous les gestes qui venaient frapper ses sens. Si le capitaine donnait brusquement, en sa présence, un coup sur son côté, le pilote répétait ce coup de la même manière et sur le même côté; si un bruit se produisait inopinément et avec intention, le pilote semblait forcé, contre sa volonté, de l'imiter à l'instant avec une grande exactitude. Les passagers, par malice, se mirent à imiter le grognement du porc et d'autres cris bizarres; d'autres battaient des mains, sautaient, jetaient leurs chapeaux sur le pont, et le pauvre pilote imitait tous ces gestes avec précision, autant de fois qu'on les répétait.

« C'était un homme de taille moyenne, de bonne mine, plutôt intelligent, si l'on en jugeait par l'expression de son visage. Comme nous quittions la rive pour nous engager sur le bateau à vapeur, un de nos hommes jeta son béret à terre. Observant le pilote, nous le vîmes également jeter son béret.

« Plus tard, nous fûmes témoins d'un incident qui

nous prouva jusqu'où s'étendait son irresponsabilité. Le capitaine du bateau, tout en battant des mains, butta accidentellement et tomba pesamment sur le pont. Le pilote, sans avoir été touché par le capitaine, se mit à battre des mains, et, voulant l'imiter jusqu'au bout, tomba précisément de la même manière et dans la même position.

« Le capitaine d'état-major nous affirma que cette maladie était commune en Sibérie, et qu'il avait vu beaucoup de cas semblables du côté de Yakutsk, durant les hivers extrêmement froids qu'on y observe. Cette maladie est connue en Russie sous le nom de *miryatchit*. »

Cette affection est analogue à celle qui a été signalée chez les *latas*[1] de la Malaisie par un explorateur anglais, M. O'Briene. Comme dans le miryatchit, on retrouve un esprit d'imitation tellement accentué, que le *lata* répète scrupuleusement tout ce qui se fait devant ses yeux. Mais on peut, de plus, lui donner des hallucinations diverses : c'est ainsi que l'un d'eux, auquel on montrait un alligator imaginaire, fut pris d'une terreur telle, qu'il trembla de tous ses membres et faillit s'évanouir. Or, cet état nerveux présente cette particularité, d'être temporaire chez celui qui en est atteint : le lata que nous venons de citer tout à l'heure, lorsqu'il était revenu à l'état normal, était extrêmement brave, car on le vit combattre sans frayeur un alli-

---

[1] Le mot *lata* est le nom donné par les indigènes à ceux qui sont atteints de cette curieuse affection.

gator qui, cette fois-ci, n'avait rien d'imaginaire.

Les « sauteurs français » du Maine et ceux du New-Hampshire observés par Beard, qui visitait en 1880 le lac de Moscheard, présentent également des phénomènes analogues. Tous les ordres qu'on leur donnait étaient immédiatement exécutés. Ainsi un des sauteurs se tenait assis un couteau à la main : on lui ordonna de le jeter, et aussitôt il le lança de façon à le planter dans un mur en face de lui. Et tout en le jetant, il répétait l'ordre à haute voix. Deux sauteurs qui se trouvaient l'un près de l'autre furent invités à se battre et le firent volontiers avec beaucoup d'énergie. Un autre qui se tenait à une fenêtre fut invité à sauter, et, répétant l'ordre, il sauta d'un pied de haut. Quand les commandements étaient faits avec rapidité, le sauteur répétait l'ordre à haute voix. Beard contrôla leur pouvoir de répétition sur un morceau de l'*Énéide* de Virgile et de l'*Iliade* d'Homère. Le sauteur, peu familier avec la langue anglaise, répétait ou faisait écho au son de la parole avec une voix pénétrante, et en même temps il sautait, se battait, ou jetait à terre quelque objet, ou se livrait à quelque autre violent mouvement musculaire.

Quelques-uns, par suite de leur peu de connaissance de la langue anglaise, ne pouvaient répéter exactement les paroles de ceux qui leur donnaient des ordres, mais, en revanche, ils étaient habiles à répéter les mouvements.

Il n'était pas nécessaire que le son provînt d'une

créature humaine. Un bruit instantané [ou inattendu
comme l'explosion d'une arme à feu, la fermeture d'une
fenêtre, le battement d'une porte, pourvu qu'il fût fort
et subit, provoquait leur irritation. L'un d'eux ne pouvait s'empêcher de crier, même alors qu'il était en
train de faire sa barbe, s'il entendait battre une porte.
On leur voyait frapper de leurs poings un fourneau
allumé, sauter dans l'eau ou dans le feu. Ils n'auraient
pu s'empêcher de frapper leur meilleur ami, s'il se fût
trouvé près d'eux, si l'ordre leur en était donné.

Ces états sont fort intéressants et offrent, comme
on le voit, quelques points de ressemblance avec l'état
hypnotique; peut-être s'agit-il, en effet, d'une affection nerveuse indéterminée jusqu'à présent, et dans
laquelle les sujets présentent une grande suggestibilité à l'état de veille. Le professeur Hammond a, du
reste, observé deux cas isolés qui ressemblent à ceux
des sauteurs. « Un homme dit avoir entendu une voix
qui lui ordonnait de sauter par la fenêtre. Il se leva
subitement, ouvrit le vitrage et sauta. Heureusement
il ne sauta que d'une hauteur de dix pieds et n'en
éprouva qu'une forte secousse.

« Il y a quelques années, je donnais mes soins à un
monsieur auquel je pouvais faire exécuter mes pres-
criptions, même quand il dormait, par l'intermédiaire
d'une personne qui lui parlait à l'oreille. Si elle lui
ordonnait de crier, il criait aussi fort qu'il pouvait; si
elle lui disait de se lever du lit, il se levait; si on l'invi-
tait à répéter une parole, il la répétait immédiatement.

« Ces phénomènes, ajoute M. Hammond, sont semblables à des actions réflexes, dues à une irritation réflexe. Il semble que la cellule nerveuse soit dans la condition d'un ballot de nitro-glycérine ou de dynamite, et qu'une très-minime impression suffise pour développer une décharge de force nerveuse. »

Nous allons maintenant rapporter une série d'états ayant, soit une grande analogie, soit une identité absolue, avec l'hypnotisme provoqué.

On retrouve en Orient, et en particulier dans l'Inde, des états analogues à l'état hypnotique; pour les provoquer, les uns, comme les fakirs, regardent fixement le ciel, un objet lumineux ou le bout de leur nez; les autres, comme les moines du mont Athos, contemplent leur nombril, d'où le nom d'Omphalopsyches qui leur a été donné [1]. Dans ces états, qui présentent quelques variantes suivant la race, la croyance et le lieu, le sujet est immobile et muet [2], ou bien, au contraire, traduit sa vision par des paroles, des chants, des attitudes. « Rarement il se déplace. Sa physionomie est expressive; mais ses yeux, même ouverts, ne voient pas. La sensibilité générale est éteinte; nul

[1] Cette particularité bizarre de fixer leur nombril vient de ce que les dévots de l'Inde considèrent le nombril comme la portion la plus noble du corps humain, parce que, prétendent-ils, le premier homme et la première femme tenaient au grand Brahma par un cordon ombilical. .

[2] Les fakirs pouvaient conserver leurs poses pendant un temps fort long, ce qui frappait la foule d'admiration et de respect.

contact n'est senti; ni piqûre ni brulûre n'éveillent la douleur. Leur état mental se réduit à une idée-image unique qui occupe toute la conscience et s'y maintient avec une extrême intensité. L'extatique garde au réveil un souvenir très-net de ce qu'il éprouve intérieurement[1]. »

Cet état, comme on le voit, se rapproche de la catalepsie provoquée dans laquelle, on le sait, le sujet peut avoir l'esprit tendu vers une hallucination quelconque qui détermine, du côté des gestes et de l'attitude, une réaction appropriée. Quant à la conservation de la mémoire, observée chez les fakirs, il faut peut-être en chercher la raison, soit dans un état subconscient qui permet au souvenir de se fixer, soit dans des conditions inhérentes à la race et au climat, et qui modifient le dynamisme cérébral d'une façon particulière.

Les prêtres bouddhistes arrivent également, par la méthode contemplative, à un état présentant, à son dernier degré, une certaine analogie avec l'état hypnotique. On en jugera par le passage suivant, emprunté à Barthélemy Saint-Hilaire (*le Bouddha et sa religion*) :

« Les docteurs bouddhistes admettent quatre degrés dans la contemplation qui conduit au nirvâna terrestre.

« Le premier degré est le sentiment intime de bonheur qui naît dans l'âme de l'ascète quand il se dit enfin arrivé à distinguer la nature des choses. Le yogui est alors détaché de tout désir autre que le nirvâna ; il juge et raisonne encore ; mais il est affranchi de toutes les conditions du péché et du vice.

---

[1] RIBOT, *les Maladies de la volonté*, p. 125, 1883.

« Au second degré, le vice et le péché ne souillent plus, mais, en outre, il a mis de côté le péché et le raisonnement; son intelligence ne se fixe plus que sur le nirvâna, ne ressent que le plaisir de la satisfaction intérieure, sans le juger ni même le comprendre.

« Au troisième degré, le plaisir de la satisfaction a disparu, le sage est tombé dans l'indifférence à l'égard du bonheur qu'éprouvait encore son intelligence. Tout le plaisir qui lui reste, c'est un vaste sentiment de bien-être physique dont tout son corps est inondé; il a encore une conscience confuse de lui-même.

« Enfin, au quatrième degré, le yogui ne possède plus ce sentiment de bien-être physique, tout obscur qu'il est; il a également perdu toute mémoire; il a même perdu le sentiment de son indifférence. Libre de tout plaisir et de toute douleur, il est parvenu à l'impassibilité, aussi voisine du nirvâna qu'elle peut l'être durant cette vie. »

Il existe en Afrique, dans la province de Constantine, une tribu arabe, les *Aïssa-Ouas,* qui pratiquent une certaine forme d'hypnotisme, dans les marchés, les jours de fête publique, à titre de représentation.

« Au nombre d'une douzaine environ, ils sont assis par terre et rangés en cercle. Des musiciens qui les entourent font entendre des sons du tambour arabe, joints à ceux de castagnettes de fer. Les *Beni-Aïaoussas* (ou Aïssa-Ouas) commencent alors à exécuter des mouvements verticaux de la tête et du tronc, alternant avec des mouvements latéraux. On brûle sous leur nez des aromates, pendant que la musique accélère son mouvement et que les musiciens joignent leurs voix au son des instruments. Après vingt minutes environ, les jongleurs se lèvent, et jettent des cris gutturaux, selon le même rhythme musical qui continue de se faire entendre. Ils se livrent ensuite, mais sans changer de place, à des contorsions violentes du corps et à des mouvements désordonnés..... L'insensibilité ne tarde pas à apparaître. On voit en effet ces hommes se percer la joue avec des armes aigües et des fers rougis au feu, marcher sur des barres de fer rouges, avaler du verre pilé qui ensanglante leur bouche, etc., sans manifester le moindre signe de douleur. La musique continue toujours ses rauques accents et son rhythme uniforme, jusqu'à ce qu'enfin les jongleurs tombent épuisés et baignés de sueur. Alors ils s'enveloppent de leurs burnous et s'endorment, ce qui met fin à ce spectacle [1]. »

Les sorciers de l'Égypte provoquent l'hypnotisme, ou *mandeb,* par des procédés absolument artificiels. « Ils font usage d'une assiette de faïence et parfaitement blanche. C'est l'objet lumineux de M. Braid. Dans le centre de cette assiette, ils dessinent avec une plume et de l'encre deux triangles croisés l'un dans l'autre, et remplissent le vide de ladite figure géométrique par des mots cabalistiques ; c'est probablement

---

[1] Louis FIGUIER, *loc. cit.,* p. 391.

pour concentrer le regard sur un point limité. Puis, pour augmenter la lucidité de la surface de l'assiette, ils y versent un peu d'huile.

« Quatre ou cinq minutes après, voici les effets qui se produisent. Le sujet commence à voir un point noir au milieu de l'assiette ; ce point noir a grandi quelques instants après, change de forme, se transforme en différentes apparitions qui voltigent devant le sujet. Bientôt celui-ci tombe dans l'état somnambulique complet [1]. »

Les *gzanes* arabes de l'Algérie et les marabouts du Maroc déterminent également l'hypnotisme par des procédés analogues. « Le premier procédé fait partie du bagage des *gzanes* arabes, bohémiennes, sorcières ou diseuses de bonne aventure. Le deuxième est mis en œuvre par les marabouts de certaines sectes religieuses des frontières du Maroc.

« Quand il s'agit de frapper l'imagination de la multitude, il faut, de toute nécessité, trouver des phénomènes compréhensibles pour tous, et que chacun peut vérifier à l'instant. Parmi ceux-ci, il n'en est pas de plus évident que le sommeil ; la *gzane* devait donc, pour constater d'une manière irrécusable sa puissance morale et son influence surnaturelle, pouvoir endormir à un moment donné la personne qui avait recours à sa science occulte.

« Voici le moyen qu'elle emploie : Sur la paume de la main elle décrit avec une matière colorante noirâtre

---

[1] Dr ROSSI, *Gazette médicale de Paris*, février 1860.

un cercle au centre duquel est indiqué un point également noir.

« En fixant attentivement ce cercle pendant quelques minutes, les yeux se fatiguent, comme on dit communément, ils papillotent et se brouillent ; bientôt à la fatigue succède le sommeil, au sommeil une sorte d'insensibilité dont elle profite pour exercer plus sûrement ses manœuvres. »

Voici maintenant le second procédé : « Sur une table recouverte d'une nappe blanche, on place une bouteille ordinaire remplie d'eau, derrière laquelle brûle une petite lampe.

« A quelques pas de distance, on fait asseoir commodément sur une chaise le sujet, et l'on dirige ses regards vers le point lumineux placé devant lui. Au bout de quelques minutes, la personne éprouve de la lourdeur sur les paupières, puis peu à peu elles s'abaissent, et le sommeil arrive. Avec un tempérament nerveux, on voit apparaître des palpitations du cœur et des céphalalgies assez marquées.

« Pour donner à ces phénomènes un parfum de surnaturel, le marabout marocain fait brûler, derrière la table, une certaine quantité de benjoin, et, pendant que les vapeurs se répandent dans la chambre, la personne soumise à l'expérience est plongée dans un état complet d'anesthésie [1]. »

On peut, chez la plupart des animaux, provoquer l'hyp-

---

[1] Dr DE PIETRA SANTA, *Union médicale*, janvier 1860.

notisme, ou tout au moins des états analogues. Tout le
monde connait l'expérience, si facile à reproduire, de
la poule qui, placée devant une ligne blanche tracée à la
craie, et maintenue immobile pendant quelque temps,
finit par être hypnotisée, le regard fixé sur la raie
blanche [1].

On arrive au même résultat chez d'autres oiseaux,
pigeons, oies, cygnes, chez des écrevisses, des lapins,
en tenant pendant quelque temps devant leurs yeux un
objet quelconque. Toute la difficulté résulte de l'immobilité plus ou moins prolongée dans laquelle il est
nécessaire de tenir ces animaux [2].

Dans l'antiquité, les enchanteurs égyptiens et les
magiciens d'Orient savaient rendre les serpents cataleptiques et immobiles comme des bâtons, en leur
comprimant la région des ouïes.

Preyer, d'Iéna [3], a hypnotisé des salamandres, des
cochons de mer, des grenouilles, etc., par des excitations périphériques plus ou moins prolongées. Rien
n'est plus facile que de répéter l'expérience sur une
grenouille : en exerçant avec l'index un frottement
extrèmement léger au niveau de la région qui correspond à la nuque, ou au niveau de l'abdomen, on arrive
au bout de quatre ou cinq minutes à la rendre immobile, catalepsiée, ses membres conservant alors toutes
les positions qu'on leur imprime.

---

[1] Cette expérience, déjà vieille, date du P. Athanasius Kircher (1646).

[2] *Arch. fur Physiol.*, Vienne, 1873.

[3] *Die Cataplexie,* etc., 1878.

Balassa (1828), Wilson (1839), Beard (1881) [1], ont montré que les chevaux pouvaient être mis dans un certain état présentant quelque analogie avec l'hypnotisme, soit par la fixation du regard, par une lumière vive, par la musique, par des passes. Dans cet état appelé *trance* par Wilson, on pourrait tirer un coup de fusil aux oreilles du cheval, sans qu'il bougeât.

Les Indiens de l'Amérique du Nord emploient le moyen suivant pour se faire suivre par les petits bisons. Saisissant la tête de l'animal, ils lui appliquent les mains sur les yeux et lui soufflent dans les narines : ils obtiennent ainsi une docilité surprenante.

Les charmeurs de lièvres en Perse, les dompteurs d'animaux féroces, les charmeurs de serpents dans l'Inde, ne produisent-ils pas des phénomènes analogues à l'état de fascination de M. le docteur Brémaud, dans lequel les sujets ne peuvent détacher leur regard du point brillant qui les a hypnotisés?

Il en est de même des animaux entre eux : il nous suffira de rappeler l'arrêt du chien de chasse, la fascination exercée par les oiseaux de proie, certains reptiles et certains carnassiers sur d'autres animaux.

[1] *Journ. of. comparat. medec.*, etc. Boston, april 1881.

CHAPITRE XIII

INTERPRÉTATION PHYSIOLOGIQUE DE QUELQUES PHÉNOMÈNES DE L'HYPNOTISME.

L'état hypnotique provoqué n'est pas une maladie. — Certains états hypnotiques spontanés, au contraire, peuvent être considérés comme des manifestations morbides. — Théories sur l'hypnotisme. Théorie de Mesmer : fluide mesmérique. — Théorie de l'imagination de Bailly. — Théorie du fluide magnétique. — Théorie subjective de Braid : braidisme ou' *hypnotisme.* — Les procédés expérimentaux agissent par action réflexe. — Le point de départ irritatif est périphérique ou central, et la détermination centrifuge est cérébrale, autochthone. — La manifestation imprimée aux centres nerveux est dynamique. — Inhibition ou arrêt d'un certain groupe de fonctions cérébrales; exaltation ou pseudo-dynamogénie secondaire d'un autre groupe de fonctions. — Tableau synoptique des procédés hypnogènes expérimentaux. — Influence de la concentration de l'attention; de l'imitation. — L'état de conscience et l'automatisme cérébral. — La conscienciosité est supprimée dans l'hypnotisme. — Exagération de l'automatisme cérébral et de l'activité réflexe des centres nerveux. — Double mémoire dans le somnambulisme. — L'état de sujétion cataleptique et somnambulique s'explique par la suppression de l'acte de coordination consciente qui est le premier stade des opérations volontaires. — Idées fixes et impulsions posthypnotiques. — Suggestions diverses. — Toutes les opérations cérébrales se font par actions réflexes, conscientes ou inconscientes. — Crédibilité. — Imagination. — Émotivité.

Quelques médecins considèrent l'état hypnotique ..comme un état morbide, comme une névrose de nature hystérique. « Il est rationnel d'admettre, dit M. P. Richer dans son livre sur l'hystéro-épilepsie (p. 361, n° 1), que les phénomènes d'hypnotisme qui dépendent toujours d'un trouble du fonctionnement régulier de l'organisme, demandent, pour leur développement, une prédisposition spéciale que, d'un commun accord, les auteurs placent dans la diathèse hystérique. En s'adressant aux hystériques les plus hystériques, on devra obtenir les phénomènes d'hypnotisme les plus marqués. Et de même que l'hystérie se rencontre à un degré moindre chez un grand nombre de femmes et chez quelques hommes, de même l'hypnotisme pourra se retrouver chez les sujets dont il est question, mais imparfait et plus ou moins atténué. »

Nous ne saurions souscrire à cette manière de voir. Il est évident que l'état hypnotique demande, pour pouvoir être provoqué, une prédisposition individuelle spéciale, — condition *sine qua non* (n'est pas hypnotisable qui veut) ; — mais admettre, comme le fait M. Richer, que cet état dépend toujours d'un trouble du fonctionnement régulier de l'organisme, nous semble une conception *à priori* qui n'est nullement vérifiée par l'observation des faits. Sans doute la diathèse hystérique, au même titre que plusieurs autres affections, est une cause prédisposante très-puissante, mais qui n'infirme en rien les cas très-nombreux de sujets absolument sains chez lesquels on peut déterminer l'hypnotisme (Liébeault, Bernheim, Liégeois, Ch. Richet, Biemaud, Heidenhain, etc.) : pour notre part, nous sommes arrivé à établir une statistique de 30 pour 100 qui, pour être exagérée, par suite des conditions d'entrainement et de contagion nerveuse dans lesquelles nous nous trouvions, ne doit pas moins être prise en sérieuse considération [1]. De ce que l'hypnotisme puisse être favorisé par certaines affections des centres nerveux, il ne s'ensuit pas que cet état, par lui-même, doive être considéré comme une maladie : ne voyons-nous pas tous les jours le sommeil normal, état absolument physiologique, être influencé et exagéré par certains états soit morbides, soit physiologiques (congestion ou anémie cérébrale, dyspepsie, grossesse, etc.)? En outre, l'assertion formulée par M. Rocher, à savoir que les phénomènes d'hypnotisme sont subordonnés, dans leur intensité, aux degrés de la diathèse hystérique, présente des exceptions tellement nombreuses que, pour nous, il est impossible d'établir un rapport direct entre les différents degrés d'hystérie et ceux de l'hypnose provoquée : du reste, la possibilité de produire toute la série des phénomènes de l'hypnotisme (léthargie, catalepsie, somnambulisme) chez de nombreux sujets sains, confirme cette opinion.

On ne saurait donc considérer l'état hypnotique provoqué ni comme une manifestation morbide, ni comme une maladie. La maladie, en effet, n'est pas, comme on pourrait le croire, toute condition contre

---

[1] Nous avons déjà dit que, par sujet sain, nous entendions, au point de vue spécial où nous nous plaçons, un sujet n'ayant jamais présenté aucune manifestation nerveuse dans ses antécédents, soit personnels, soit héréditaires. (V. chap. ii.)

nature de l'organisme : il faut, pour la constituer, la manifestation de troubles, la succession d'actes anormaux, soit antérieurs, soit concomitants, et suivant une marche plus ou moins régulière. Or, comme nous le savons, l'hypnotisme peut être provoqué artificiellement, ses manifestations peuvent être dirigées et modifiées à volonté dans beaucoup de cas, et l'observateur les fera cesser quand il le voudra : il n'y a là aucun des attributs de la maladie. Quant à certains états hypnotiques spontanés (v. le chapitre précédent), nous pensons, au contraire, que l'on peut les considérer comme des manifestations tantôt intermédiaires à l'état de santé et à celui de maladie, tantôt absolument morbides; on constate, du reste, dans beaucoup de ces cas, des symptômes névropathiques, soit antérieurs, soit concomitants, et quelquefois même, ce qui vient encore accentuer la différence, il est impossible de pratiquer l'hypnotisation artificielle.

Par quel mécanisme se produit l'état hynoptique? Les théories n'ont pas manqué ; aussi ne ferons-nous qu'esquisser les principales, renvoyant, pour les détails, au livre de M. Louis Figuier (*Histoire du merveilleux*, t. III, p. 354).

D'après Mesmer, les effets qui se produisaient chez ses malades étaient dus aux mouvements d'un fluide particulier, uniformément répandu dans l'univers et établissant l'influence mutuelle entre les corps célestes, la terre et les corps animés. « Ce fluide est capable de

recevoir, propager, communiquer toutes les impressions du mouvement; il est susceptible de flux et de
reflux. Le corps animal éprouve les effets de cet agent,
et c'est en s'insinuant dans la substance des nerfs qu'il
les affecte immédiatement. On reconnaît particulièrement dans le corps humain des propriétés analogues
à celles de l'aimant; on y distingue des pôles également divers et opposés. L'action et la vertu du magnétisme animal peuvent être communiquées d'un corps à
d'autres corps animés et inanimés. Cette action a lieu
à une distance éloignée, sans le secours d'aucun corps
intermédiaire; elle est augmentée, réfléchie par les
glaces, communiquée, propagée, augmentée par le
son; cette vertu peut être accumulée, concentrée,
transportée. Quoique ce fluide soit universel, tous les
corps animés n'en sont pas également susceptibles; il
en est même, quoiqu'en petit nombre, qui ont une
propriété si opposée, que leur seule présence détruit
tous les effets de ce fluide dans les autres corps [1]. »

Cette théorie, dite de l'agent universel ou de l'agent
mesmérien, et qui avait déjà été formulée par les pré-
décesseurs de Mesmer (Paracelse, Robert Flud, etc.),
n'eut qu'un court succès, ses élèves eux-mêmes l'ayant
bien vite abandonnée.

Bailly, dans son rapport à l'Académie, en 1784,
invoqua l'influence de l'imagination, dans la production des crises qui éclataient autour du baquet de
Mesmer : cette théorie était exacte, car nous savons en

[1] *Rapport de Bailly*, 1784.

effet combien est grande la puissance physiologique de cette fonction cérébrale. Mais si l'imagination rendait compte de certains phénomènes, elle ne les expliquait pas tous.

C'est alors que surgit le fameux « fluide magnétique » auquel tant de personnes croient encore aujourd'hui et qui est exploité journellement par tant de charlatans modernes. Nous ne nous arrêterons pas à discuter cette théorie, qui est désormais condamnée par toutes les données de la science. Au moment où les adeptes de Mesmer lançaient cette conception théorique, la croyance aux fluides (fluides lumineux, calorifique, électrique) représentait alors, en physique, le fond des doctrines scientifiques, et l'hypothèse de Newton, reconnue fausse aujourd'hui, sur l'*émission* des agents matériels, impondérables, régnait en souveraine : on comprend donc qu'une notion aussi simple que celle du « fluide magnétique » ait pu, à cette époque, être admise sans conteste. Aujourd'hui, la théorie magnétique a vécu : nous pensons l'avoir péremptoirement démontré dans le courant de cet ouvrage.

Signalons, pour plaindre les malheureux illuminés qui les avaient conçues, la théorie spiritiste représentée par le marquis de Mirville, dans laquelle les phénomènes du magnétisme résultaient de la présence et de l'intervention d' « esprits » bons ou mauvais, et la théorie édifiée par Dupotet, qui mettait tout sur le compte de la magie.

Il faut arriver à l'abbé Faria et à Bertrand pour voir s'établir une doctrine réellement scientifique, toute subjective, celle de l'exaltation de l'imagination. Cette doctrine, entrevue déjà par Bailly, comme nous l'avons dit, est réelle, mais n'explique pas toutes les causes de production de l'hypnotisme.

Braid, de Manchester, démontre en 1843 que la fixation d'un objet brillant détermine l'état hypnotique, dont il crée le mot, et prouve ainsi l'influence d'une excitation périphérique (fatigue des globes oculaires), ainsi que celle d'une excitation centrale (concentration de l'attention sur l'idée du sommeil), sur la genèse du sommeil nerveux. C'est donc à cet observateur que revient toute la gloire d'avoir fondé l'hypnotisme, que l'on devrait appeler *braidisme*.

Les théories postérieures à celles de Braid en dérivent toutes sans en amoindrir la valeur.

L'état hypnotique est donc un état nerveux, absolument subjectif, déterminé par des excitations, soit provoquées et artificielles, soit spontanées. Ces excitations, qui sont nombreuses et que nous passerons en revue tout à l'heure, déterminent l'hypnose par une véritable action réflexe. L'action nerveuse, en effet, provenant de l'irritation initiale, parcourt les nombreux *arcs nerveux* si complexes qui composent l'architectonie cérébrale, avant d'aboutir au *réflexe final* : or ce réflexe final est extrêmement variable et pourra être constitué par un phénomène central, *réflexe cen-*

tral, aussi bien que par un phénomène périphérique [1].

L'état hypnotique est donc le dernier terme d'un réflexe central. Quant au mécanisme intracérébral en vertu duquel il se produit, l'impossibilité de le constater *de visu* laisse le champ libre à toutes les hypothèses. Par simple curiosité, nous citerons l'opinion de Galien, pour qui la léthargie était produite par l'extinction de la chaleur naturelle du cerveau, et guérissait par la coction de la matière morbide. Celle de Dionis Paire sur la catalepsie n'est pas moins bizarre : une intempérie froide et humide du cerveau qui relâche outre mesure les petites fibres dont il est composé.

Plusieurs observateurs invoquent, dans la production de l'hypnotisme, des troubles vaso-moteurs, soit congestifs, soit anémiques. Preyer pense que l'activité des cellules cérébrales déterminerait une production exagérée de lactates qui engourdiraient l'encéphale, par soustraction d'oxygène. Ces hypothèses, nous le répétons, sont des vues de l'esprit, que rien ne peut vérifier et qui sont même incompatibles avec les phénomènes observés.

Tout ce qu'il est possible de dire, dans l'état actuel

---

[1] « Les centres nerveux, disent Kuss et Duval (*Cours de physiologie*), présentent des phénomènes fort complexes, par lesquels ils peuvent devenir des centres de la *diffusion*, de la *coordination* des mouvements, de la *mémoire,* etc.; ces centres peuvent enfin être le siége de la *sensation* des excitations périphériques. Ainsi, les organes auxquels vient aboutir l'excitation initiale peuvent être aussi bien un organe nerveux qu'un muscle ou qu'une glande, et l'acte terminal pourra être une *idée* aussi bien qu'une contraction musculaire ou une sécrétion. »

de la science, c'est que l'état hypnotique est le résultat d'une modification *dynamique* dans le fonctionnement de certaines parties du cerveau, sans qu'il soit nécessaire d'invoquer un changement dans la constitution organique de cette portion des centres nerveux [1].

En quoi consiste cette modification dynamique? Certaines fonctions cérébrales, nous l'avons vu, sont suspendues pendant l'hynotisme, tandis que d'autres, au contraire, sont exagérées : par conséquent, comme le dit M. Brown-Séquard (*Gazette hebdomadaire,* 1883), l'état hypnotique « est un effet et un ensemble d'actes d'inhibition et de dynamogénie [2] » ; produit par une irritation initiale, multiple et variable, tantôt périphérique, tantôt centrale, « l'hypnotisme n'est rien autre

---

[1] Connaissons-nous, jusqu'à présent, les modifications moléculaires physiques ou chimiques qui séparent le fer aimanté du fer non aimanté, la bouteille de Leyde chargée d'électricité de celle qui ne l'est pas? Et cependant il s'agit là de deux états bien différents.

[2] « L'inhibition est l'arrêt, la suspension, la cessation, ou, si l'on préfère, la disparition momentanée ou pour toujours d'une fonction, d'une propriété ou d'une activité (normale ou morbide) dans un centre nerveux, dans un nerf ou dans un muscle, arrêt ayant lieu sans altération organique visible (au moins dans l'état des vaisseaux sanguins), survenant immédiatement, où à bien peu près, après la production d'une irritation d'un point du système nerveux, plus ou moins éloignée de l'endroit où l'effet s'observe. L'inhibition est donc un acte qui suspend temporairement ou anéantit définitivement une fonction, une activité, etc. Quant à la dynamogénie, c'est l'augmentation soudaine par transformation de force, ayant lieu dans des circonstances analogues à celles où se produit l'inhibition. » (BROWN-SÉQUARD, *Recherches expérimentales et cliniques sur l'inhibition et la dynamogénie.* Paris, 1882).

chose que l'état très-complexe de perte ou d'augmentation d'énergie, dans lequel le système nerveux et d'autres organes sont jetés sous l'influence de cette irritation première ».

Nous n'acceptons cependant pas complétement l'opinion du grand physiologiste. Il nous semble difficile, en effet, d'admettre qu'une même cause, irritation initiale, puisse produire, *en même temps,* dans un même organe, deux effets opposés tels que l'inhibition et la dynamogénie. Nous pensons, pour notre part, que l'hypnotisme est uniquement un état d'inhibition, cet acte de suspension portant seulement sur certaines fonctions cérébrales. Or, par suite de cet arrêt localisé sur un certain nombre de propriétés du cerveau, il survient, par une sorte de compensation, une exagération fonctionnelle portant sur d'autres points de l'organe nerveux : c'est cette manifestation du dynamisme cérébral, pseudo-dynamogénie, se concentrant, pour contre-balancer les effets de l'inhibition, sur un autre groupe de fonctions de l'encéphale, qui a été considérée comme un état primitif isochrone à l'inhibition, alors qu'il doit s'agir tout simplement, comme nous le disons, d'un phénomène secondaire de force nerveuse compensatrice qui, chassée d'une sphère, se répand sur une autre, pour y produire une hyperactivité plus grande qu'à l'état normal.

Les procédés expérimentaux employés pour provoquer l'hypnotisme sont très-nombreux. Nous les connaissons pour la plupart : le tableau suivant facilitera leur groupement :

Action réflexe par irritation initiale *périphérique.*

Excitation cutanée.
— Pression du front, du vertex.
— Pressions diverses, frictions, « passes des magnétiseurs ».
— Aimant (Laudouzy). Électricité (Weinhold).
— Friction du vertex (détermine léthargie ou somnambulisme secondaires).

Excitation sensorielle.
— Occlusion des yeux, accompagnée d'une pression légère des globes oculaires (Lasègue).
— Fixation des yeux.
— Fixation d'un objet quelconque avec ou sans convergence des axes optiques (Braid).
— Lumière plus ou moins vive.
— Bruit plus ou moins intense.
— Relèvement des paupières supérieures dans un lieu éclairé (détermine catalepsie secondaire).
— Souffle sur les globes oculaires (détermine léthargie ou somnambulisme secondaires).

Action réflexe par irritation initiale *centrale.*
— Concentration de l'attention sur l'idée du sommeil.
— Imitation.
— *Suggestion* (crédibilité, émotivité, imagination, etc.).
— Modification de la tension vasculaire intracérébrale, la tête étant tenue renversée quelques instants en arrière (Eulenburg).
— Ébranlement de la masse encéphalique par une secousse brusque imprimée à la tête (coup de Hansen, qui valut au « magnétiseur » de ce nom, son inventeur, un procès, à Vienne, il y a quelques années).

Le retour à l'état de veille se fait également d'une façon réflexe, par irritation périphérique quand il est produit par le souffle sur les yeux, par irritation cen-

trale lorsqu'il est provoqué par la suggestion (injonction, affirmation).

Les procédés du premier groupe, tels que les pressions diverses, l'occlusion des yeux, la fixation du
regard ou d'un objet, sont puissamment aidés par
certaines causes du second groupe, telles que l'attention et l'imitation. A elles seules, même, ces deux propriétés cérébrales peuvent suffire pour provoquer l'état
hypnotique.

La concentration de l'*attention* sur une idée, une
image ou un objet, peut produire, sur place, une
modification réflexe autochthone dans le fonctionnement du cerveau. Qui ne connaît le cas d'Archimède
plongé dans la recherche d'un problème de géométrie
et ne s'apercevant pas, autour de lui, de la présence
des soldats qui allaient lui donner la mort? Il arrive
souvent que l'on s'arrête spontanément lorsque, pendant la marche, on a l'esprit fortement tendu vers la
solution d'un problème quelconque. Le grand Mon-
taigne, l'illustre Sydenham faisaient diversion à leurs
douleurs de goutte en se plongeant dans la lecture de
leurs auteurs favoris. La concentration, soit volontaire,
soit inconsciente, de l'attention sur une hallucination
ou une idée religieuse a souvent produit certains états
extatiques, laissant après eux un souvenir plus ou
moins complet, « ravissements » auxquels plusieurs
saintes ont dû d'être canonisées. Un degré de plus, et
l'on arrive à l'extase cataleptique.

L'attention tendue vers une idée quelconque peut

déterminer des phénomènes en rapport avec le but de cette idée. C'est ainsi, comme Chevreul l'a démontré il y a longtemps déjà, qu'en imprimant des mouvements de balancier à un poids suspendu à un fil que l'on tient à la main, et en ayant l'esprit fortement tendu vers ces oscillations rhythmées, on arrive à produire inconsciemment dans la main qui tient le fil des contractions fibrillaires qui maintiennent indéfiniment le poids en mouvement.

Certains cas de prétendue « suggestion mentale » sont également passibles de la même explication [1].

La concentration de l'attention sur l'idée de voir tourner une table a produit, dans beaucoup de cas, le phénomène des « tables tournantes », en déterminant chez un ou plusieurs sujets des contractions fibrillaires inconscientes des doigts, qui suffisaient pour imprimer quelques mouvements à la table : une fois que celle-ci était

[1] Tout récemment, un Anglais, Cumberland, prétendait être doué du don de percevoir la pensée. Ses expériences consistaient à trouver un objet quelconque auquel pensait une personne de la société : Cumberland, les yeux bandés, maintenait dans ses mains une des mains de la personne en question, et après une série de tours et de détours, arrivait sur l'objet pensé.

Cette expérience s'explique très-bien par de légers mouvements fibrillaires inconscients, se produisant dans la main de la personne, par suite de la concentration de son attention sur l'objet pensé, mouvements perçus par l'opérateur, grâce à une grande habitude, et par lesquels il n'avait qu'à se laisser guider pour arriver sur l'objet à trouver. Ajoutons que les expériences ne réussissaient pas toujours, surtout lorsque le sujet pensait à tout autre chose qu'à l'objet en question. Beaucoup d'observateurs, MM. Ch. Richet, de Varigny, Gley, Ch. Garnier, entre autres, ont pu reproduire ces expériences avec succès. (V. *Société de biologie*, mai, juin, juillet 1884.)

mise en branle, les mouvements se perpétuaient, comme dans l'expérience de Chevreul citée tout à l'heure.

Il en est de même du sommeil nerveux qui peut survenir à la suite de la simple concentration de l'attention sur cette idée. Or, comme cette propulsion de l'esprit vers cette idée accompagne habituellement tout sujet qui se soumet aux procédés habituels de l'hypnotisation (occlusion des yeux, fixation d'un objet), on comprend qu'elle constitue une des causes adjuvantes les plus puissantes, pour ne pas dire efficientes, dans beaucoup de cas. C'est ce qui explique également comment un sujet peut s'hypnotiser lui-même.

Certaines attitudes extatiques (sainte Thérèse, prêtres bouddhistes, etc.) s'expliquent de la même façon : une contemplation prolongée, soit d'une hallucination, soit d'une idée autre que celle du sommeil (idée religieuse, idée de Dieu, nirvâna, etc.). Il faut aussi tenir compte, dans ces circonstances, de l'excitation sensorielle périphérique produite par la fatigue des yeux.

L'*imitation*, cette propriété si indéniable du cerveau, montre également toute sa puissance dans la production de l'hypnotisme. On sait en effet combien est considérable l'influence de l'esprit d'imitation dans l'hystérie et dans les autres états névropathiques. C'est elle qui, par une véritable contagion nerveuse, explique l'extension épidémique de ces nombreuses manifestations de la folie religieuse qui ont désolé les trois derniers siècles, et qui se montrent encore parfois de nos jours [1].

L'influence de l'imitation était connue il y a long-temps déjà. « Dans une communauté de filles, raconte Nicole, celles-ci se trouvaient saisies, tous les jours, à la même heure, d'un accès de vapeurs le plus singu-lier, et par sa nature et par son universalité : tout le monde y tombait à la fois.

« On entendait un miaulement par toute la maison, qui durait plusieurs heures, au grand scandale de la religion, et du voisinage, qui entendait miauler toute la nuit. On ne trouva pas de moyen plus efficace pour arrêter ces imaginations blessées qui faisaient miauler toutes ces filles, qu'en les frappant d'une autre imagi-nation qui les retint toutes à la fois. Ce fut de leur signifier, par ordre des magistrats, qu'il y aurait à la porte du couvent une compagnie de soldats, qui au premier bruit entreraient aussitôt dans le couvent, et fouetteraient celles qui auraient miaulé. Il n'en fallut pas davantage pour faire cesser ces ridicules clameurs. »

Les anciens Belges, dit M. de Sainte-Marie (*Pheno-menis et morbis*), s'invitaient à un vomissement, comme on s'invite à un banquet. Ils commençaient par prendre médecine, et se réunissaient autour d'un immense réservoir où le premier qui vomissait entraînait sym-

---

[1] Épidémie convulsive des camp-meetings en Amérique, des revivals en Irlande (1860). Épidémie extato-convulsive en Suède (1842). Démonopathie épidémique à Morzines, en Savoie (1861). Épidémie d'hystéro-démonopathie à Verzénis, dans la province de Frioul (1878).

pathiquement le vomissement chez tous les autres.

Boerhaave cite l'exemple d'un maître d'école louche, dont tous les élèves commençaient à loucher au bout d'un mois. On fut obligé de le renvoyer.

Les animaux eux-mêmes possèdent l'esprit d'imitation, comme le prouve la contagion du *tic* chez le cheval, et de l'*avortement* chez les vaches. Qu'un cheval prenne l'habitude de serrer convulsivement sa mangeoire et d'avoir des éructations, d'autres bêtes voisines prendront le même tic. Il en est ainsi du tic de l'ours, lorsqu'un cheval, habitué à remuer la tête comme l'ours blanc, transmet sa mauvaise habitude à d'autres. On sait enfin que dans une étable où plusieurs vaches sont pleines, celle qui avorte provoque quelquefois l'avortement sur toutes les autres placées dans le voisinage.

Les faits d'imitation sont si fréquents et si avérés que nous ne voulons pas insister plus longtemps. Chacun sait combien, dans la vie commune, il se fait une communication rapide, chez les témoins d'un acte, de passions et de sentiments semblables à ceux qui sont manifestés par autrui, passions et sentiments conduisant souvent à l'accomplissement d'actes semblables à ceux qui viennent d'être observés. Cette influence se montre dans un grand nombre d'actions, depuis les plus insignifiantes, comme celle de bâiller, de rire, jusqu'aux plus graves, comme le suicide et le crime, dont la contagion n'est plus à démontrer.

L'hypnotisme n'échappe pas à cette loi, et l'influence de l'imitation dans sa production est tellement grande, que c'est surtout à elle qu'il faut attribuer le nombre si considérable de sujets tombant en sommeil nerveux dans les expériences faites en commun et dans les séances de « magnétisme ».

Le *sommeil par suggestion* ne différant pas, dans sa production, des autres suggestions provoquées à l'état de veille, nous en étudierons le mécanisme plus loin.

Nous avons dit que l'hypnotisme consistait essentiellement en un arrêt ou inhibition de certaines fonctions du cerveau, d'où résultait consécutivement une exagération, sorte de dynamogénie secondaire, de certaines autres fonctions du même organe. Ce sont les localisations de ces deux modes du dynamisme cérébral qu'il nous faut étudier maintenant.

Le cerveau est un organe, ou plutôt un ensemble d'organes possédant des propriétés multiples et extrêmement complexes, liées intimement les unes aux autres, et dont la nature et le mécanisme intimes sont absolument inconnus, mais qui entrent néanmoins en jeu en vertu des lois physiologiques communes aux autres organes. Sous le nom de facultés de l'âme, ces propriétés, éminemment organiques, ont été maintes fois décrites, groupées, subdivisées, dissociées par les philosophes spiritualistes : toutes ces descriptions, dont certaines, plus spéculatives que positives, ne résistent pas à une analyse exacte, sont cependant fort utiles pour faciliter l'interprétation des faits, mais sont absolument incapables, comme le voudraient leurs auteurs,

de démontrer l'existence du « principe » qu'ils admettent. C'est que la sphère de l'esprit humain est déjà à
peine assez vaste, même en s'en tenant uniquement à
la recherche des causes prochaines, pour satisfaire son
aspiration éternelle vers la connaissance de l'inconnu ;
et à ceux qui veulent en sortir pour se lancer dans les
conceptions nuageuses de la métaphysique et dans la
folle et stérile recherche des causes premières, peut-on
répéter ces paroles aussi sages que spirituelles empruntées à Voltaire : « Quand le président de la Faculté de
médecine, dans le *Malade imaginaire,* demande à Thomas
Diafoirus : *Quare opium facit dormire?* Thomas répond
très-pertinemment : *Quia est in eo virtus dormitiva quæ
facit sopire,* Parce qu'il y a dans l'opium une faculté
soporative qui fait dormir. Les plus grands physiciens
ne peuvent guère mieux dire..... La faculté de remuer
le pied quand on le veut, celle de se ressouvenir du
passé, celle d'user de ses cinq sens, toutes nos facultés,
en un mot, ne sont-elles pas à la Diafoirus?

« Mais la pensée! nous disent les gens qui savent le
secret ; la pensée, qui distingue l'homme du reste des
animaux !

> Cet animal si saint, plein d'un esprit sublime.

Si saint qu'il vous plaira, c'est ici que Diafoirus triomphe plus que jamais. Tout le monde au fond répond :
Quia est in eo virtus pensàtiva quæ facit pensare. Personne ne saura jamais par quel mystère il pense.....

« Des savants, pour éclairer notre ignorance, nous

disent qu'il faut faire des systèmes, qu'à la fin nous trouverons le secret. Mais nous avons tant cherché sans rien trouver, qu'à la fin l'on se dégoûte. C'est la philosophie paresseuse, nous crient-ils; non, c'est le repos raisonnable de gens qui ont couru en vain. Et après tout, philosophie paresseuse vaut mieux que théologie turbulente et chimères métaphysiques. » (*Dictionnaire philosophique*. Art. *Faculté*.)

Le fonctionnement des propriétés cérébrales est essentiellement dominé par une modalité de la sensibilité générale, à laquelle les psychologues ont donné le nom de *conscience*, état qui nous permet de juger de notre propre existence ainsi que de celle des êtres qui nous entourent, en même temps qu'elle nous fait apprécier les relations immédiates unissant entre elles les circonstances qui nous environnent. Cette conscienciosité, qu'il ne faut pas confondre avec la conscience morale (forme perfectionnée des passions et des instincts, qui nous fait différencier le bien du mal), nous rend spectateurs de notre propre identité : c'est un grand apanage servant pour ainsi dire de couronnement à notre organisation cérébrale, mais dont l'exercice est loin d'être indispensable au fonctionnement de nos centres nerveux. La suppression de la conscience, au contraire, est fort utile dans l'accomplissement des actes les plus simples de l'existence : dans les mouvements habituels exécutés par nos membres dans la marche, l'*automatisme* se montre d'une façon constante; les danseurs de corde, les équilibristes, les artistes qui jouent sur leur instrument des morceaux remplis de difficultés, agissent par suite d'actions automatiques acquises par l'habitude : si l'attention et la préoccupation consciente voulaient diriger ces actions, il n'est pas douteux qu'elles deviendraient alors fort difficiles ou impossibles.

La présence ou l'absence de la conscience crée donc dans notre cérébration deux sortes d'activité, l'une consciente, *cérébration consciente*, l'autre inconsciente et réflexe, *cérébration automatique*. Or, l'activité cérébrale inconsciente ou automatique sera d'autant plus marquée que l'activité consciente sera supprimée plus ou moins entièrement : cette dernière, en effet, résidant vraisemblablement dans la couche la plus superficielle de l'écorce cérébrale, il en résultera par suite de sa paralysie une hyperexcitabilité des centres réflexes sous-jacents.

Cette activité cérébrale automatique est, du reste, à rapprocher de celle de la moelle et du cervelet, qui s'exagère à son tour lorsque le fonctionnement du cerveau, dont elle est absolument indépendante, est diminué ou anéanti : on sait, en effet, que si l'on enlève à des pigeons ou à des rats les hémisphères cérébraux, on voit ces animaux faire des mouvements et tressaillir lorsqu'on approche près d'eux ; une grenouille décapitée continue à nager ; un animal auquel on a extirpé le cervelet ne peut plus coordonner ses mouvements.

Dans l'hypnotisme, l'activité consciente du cerveau

n'existe plus. Dans la léthargie et dans la catalepsie,
elle est totalement abolie; dans le somnambulisme,
également, elle disparait le plus souvent, mais dans
quelques cas, cependant, elle peut conserver encore un
vestige d'existence qui, si faible qu'il soit, expliquerait,
comme nous l'avons vu, certains phénomènes observés.
Cette perte de la conscience, qui est le premier phénomène provoqué par l'inhibition pendant le sommeil
nerveux [1], peut se faire subitement, et l'individu passe
sans transition à l'état d'un automate, ou au contraire
se produire peu à peu, comme cela s'observe lorsque
le procédé hypnogène met un temps plus ou moins
long à agir : le sujet passe alors par cet état intermédiaire, préhypnotique, que nous avons décrit, et dans
lequel il sent s'éteindre progressivement chez lui la
notion de sa propre identité et de tout ce qui l'envi-
ronne extérieurement. Il se passe là, du reste, des phénomènes analogues à ceux que l'on observe dans l'invasion
du sommeil, soit physiologique, soit chloroformique,
ainsi que dans la première période du délire produit
par le haschich ou par la fumée de l'opium.

Une des conséquences immédiates de la disparition
de l'état de conscience dans l'hypnotisme sera l'exa-

---

[1] Il arrive quelquefois que certains somnambules parlent d'eux
à la troisième personne, comme cela s'observe chez quelques
aliénés : cette particularité s'explique par la disparition de la
conscience, à la suite de laquelle le sujet, privé de la notion de
sa propre existence, s'extériorise pour ainsi dire. Certains enfants
en bas âge parlent également d'eux à la troisième personne, ce
qui tient à ce que la fonction de conscience, qui suit les lois
habituelles et progressives de l'évolution organique, n'est pas
encore complétement établie chez eux.

gération du pouvoir réflexe des centres nerveux. C'est
ce qui explique la production des contractures provoquées par l'excitation mécanique des muscles ou par
l'excitation superficielle de la peau.

La *catalepsie* représente le summum de l'automatisme
et de l'excitabilité réflexe cérébro-spinale. Nous savons
déjà, du reste, que cet état, pour une raison qui nous
échappe, imprime un cachet particulier aux sujets chez
lesquels on peut le provoquer : nous ne ferons que
rappeler que c'est uniquement chez les sujets catalepsiables que l'on pourra produire en léthargie ou en
somnambulisme des contractures par excitation superficielle de la peau et des phénomènes d'hémi-hypnotisme.

C'est par l'intensité de l'activité automatique, réflexe,
si développée dans l'état cataleptique, qu'il faut expliquer l'influence si remarquable du geste sur la physionomie, et qui n'est en définitive que l'exagération d'une
propriété physiologique que l'on pourrait appeler
réflectivité automatique idéo-motrice, et que l'on
retrouve à l'état normal, plus ou moins développée chez
les sujets. « Il n'existe pas, dit Gratiolet, une seule
pensée qui ne se traduise par un mouvement, par un
geste, par une attitude involontaire. Réciproquement,
une attitude imitée, sans idée préconçue, comme le
font souvent les petits enfants, un geste sans intention,
éveillent dans l'esprit certaines tendances corrélatives. »

C'est par cette même cause que nous expliquerons
ces faits si curieux d'automatisme de la mémoire, d'imi-

---

[1] LEURET et GRATIOLET, *Anatomie comparée du système nerveux.*

ATTITUDE CATALEPTIQUE : EFFROI.

tation et du mouvement (v. ch. IV, § 2) : l'absence de l'état de conscience imprime à ces fonctions et au sens musculaire une exaltation particulière qui se manifeste par des phénomènes réflexes à la moindre excitation.

La propriété qu'ont les membres, dans la catalepsie, de conserver indéfiniment les positions données, est également due au pouvoir réflexe des centres nerveux qui est tellement exagéré, que le moindre mouvement provoqué dans un muscle ou un groupe de muscles est transmis au cerveau par l'intermédiaire du sens musculaire, et réfléchit *in situ* la force nerveuse nécessaire pour produire la contraction normale de ces mêmes muscles; la force de contractilité est proportionnée à l'excitation initiale, comme on le constate en chargeant le bras étendu du sujet d'un poids plus ou moins considérable.

Dans la *léthargie,* l'inhibition se fait sentir sur toutes les fonctions cérébrales. La vie de relation est supprimée : seule, la vie organique persiste. L'hyperexcitabilité neuro-musculaire est une des conséquences de cet arrêt du fonctionnement cérébral.

Dans le *somnambulisme,* l'influence inhibitoire, en dehors de l'état de conscience qu'elle supprime comme dans les autres phases de l'hypnotisme, porte également sur la sensibilité générale. Or, de cet arrêt, de cette suspension de la force nerveuse, résulte, par une sorte d'équilibre compensateur, une exagération dans le fonctionnement de certaines autres propriétés cérébrales. Si l'on admet, en effet, l'hypothèse de Luys [1], à savoir que les différentes couches de la substance grise corticale du cerveau ont des propriétés différentes, la plus superficielle présidant au sensorium, la moyenne aux facultés intellectuelles, la plus profonde à la transmission de la volonté par l'action, on comprend dès lors que la suppression d'une portion de la première de ces couches détermine dans les autres parties de cette couche, ainsi que dans la couche sous-jacente, des phénomènes dynamogéniques compensateurs.

C'est ainsi que l'on peut expliquer l'exagération de la sensibilité spéciale, de la force motrice dans quelques cas, de l'imitation, des fonctions imaginatives, de la mémoire, etc. La facilité avec laquelle se produisent les illusions et les hallucinations, soit spontanées, soit provoquées, s'explique par l'exaltation des impressions sensorielles, de l'imagination et de la mémoire.

La modification imprimée à la mémoire par l'hypnotisme est assez curieuse à étudier. Nous avons vu que le somnambulisme conserve intact le souvenir de tous les faits de l'état de veille, celui-ci étant même tellement exalté, dans certains cas, que l'on voit survenir la réminiscence de faits déjà oubliés depuis longtemps, quelquefois depuis de nombreuses années. De même, le sujet se rappelle parfaitement, le plus souvent, ce qu'il a fait dans un état hypnotique antérieur.

Dans l'état de veille, au contraire, il y a perte absolue

[1] *Le Cerveau et ses fonctions.*

de la mémoire pour tout ce qui s'est passé pendant le sommeil nerveux.

La mémoire, en effet, est une fonction éminemment complexe qui nécessite, dans son mode d'acquisition, de conservation et de reproduction, une série d'actions qu'il est très-difficile d'analyser. Mais, quoi qu'il en soit, deux opérations bien distinctes s'imposent dans son fonctiónnement : d'une part la fixation de l'impression, et d'autre part la reviviscence de cette impression ou souvenir. On peut comparer ces phénomènes à la « propriété qu'ont les vibrations lumineuses de pouvoir être emmagasinées sur une feuille de papier et de persister, pendant un temps plus ou moins long, prêtes à paraître à l'appel d'une substance révélatrice. Des gravures exposées aux rayons solaires peuvent, plusieurs mois après, à l'aide de réactifs spéciaux, révéler les traces persistantes de l'action photographique du soleil sur leur surface. » (LUYS [1].)

Or, cette seconde opération de la mémoire, qui consiste à revivifier l'impression préalablement fixée pendant l'état hypnotique, ne pourra s'effectuer que pendant une nouvelle phase d'hypnose provoquée, mais jamais après le réveil. Peut-être faut-il, avec Prosper Despine [2], voir dans ce phénomène une conséquence de la perte de l'état de conscience, qui est le propre de l'hypnotisme, et qui enlèverait au somnambule la connaissance de ses actes, par suite de sa non-participation consciente.

[1] *Le Cerveau et ses fonctions.*
[2] *Loc. cit.*

Les faits de double mémoire, pour ainsi dire, se retrouvent également dans différents états, soit morbides, soit physiologiques. Dans certains délires épileptiques et hystériques, chaque crise ramène le souvenir des crises précédentes. « On a souvent cité, d'après Macario, l'histoire de cette fille qui fut violée pendant un accès et n'en avait aucune connaissance au réveil, mais qui, dans l'accès suivant, révéla le fait à sa mère. Une jeune servante, pendant trois mois, croyait tous les soirs être un évêque, parlait et agissait en conséquence (COMBE), et Hamilton nous parle d'un pauvre apprenti qui, dès qu'il s'endormait, se croyait père de famille, riche, sénateur, reprenait chaque nuit son histoire très-régulièrement, la racontait tout haut, très-distinctement, et reniait son état d'apprenti quand on l'interpellait à cet égard[1]. » MM. les Drs Mesnet et Mottet ont rapporté une observation analogue. Madame X..., jeune femme d'excellente famille, très-honorable, mère de famille, était sujette à des accès de somnambulisme spontané qui apparaissaient toutes les nuits à trois heures précises et qui prenaient fin à cinq heures. Sans s'inquiéter des personnes qui l'entouraient, sans les voir même, elle se levait, s'habillait, ouvrait les portes, descendait au jardin, s'y promenait, courait, sautait sur les bancs. Tous ces actes s'accomplissaient avec une adresse et une agilité merveilleuses, malgré l'obscurité et l'extrême faiblesse de la malade, qui l'obligeait à garder le lit quand elle était en état de veille.

---

[1] RIBOT, les Maladies de la mémoire, 1881.

A cinq heures moins dix minutes, comme si elle pressentait la fin de la crise, elle allait d'elle-même se remettre au lit.

Pendant ces périodes de noctambulisme, madame X... tenta plusieurs fois de se suicider, écrivit des lettres à son mari pour lui annoncer sa résolution fatale; un jour, elle voulut se pendre et mit tout en œuvre pour l'exécution de son projet, qui eût été réalisé sans l'intervention des médecins.

Au réveil, elle n'avait gardé aucun souvenir des actes accomplis dans le sommeil, et dès que son accès revenait, la nuit suivante, elle reprenait sa vie somnambulique au point exact où elle l'avait interrompue la veille.

Comment expliquer cette passivité, cet état de *sujétion,* qui est une des particularités si fréquentes et si remarquables du somnambulisme et de la catalepsie, et qui fait qu'un homme, tout à l'heure en pleine possession de sa propre volonté, est réduit maintenant au rôle d'un automate, obéissant d'une façon irrésistible aux ordres de l'expérimentateur?

Pour peu que l'on veuille étudier le mécanisme de l'acte volontaire, on arrive à se rendre compte de la production de ce phénomène. « La volition, dit M. Ribot dans son excellent livre sur les maladies de la volonté [1], est un état de conscience final qui résulte de la coordination plus ou moins complexe d'un groupe d'états conscients, subconscients ou inconscients (purement

---

[1] *Loc. cit.,* p. 174.

physiologiques) qui, tous réunis, se traduisent par une action ou un arrêt. La coordination a pour facteur principal le caractère, qui n'est que l'expression psychique d'un organisme individuel. C'est le caractère qui donne à la coordination son unité, — non l'unité abstraite d'un point mathématique, mais l'unité concrète d'un consensus. L'acte par lequel cette coordination se fait et s'affirme est le choix, fondé sur une affinité de nature.

« La volition, que les psychologues intérieurs ont si souvent observée, analysée, commentée, n'est donc pour nous qu'un simple état de conscience. Elle n'est qu'un effet de ce travail psychophysiologique tant de fois décrit, dont une partie seulement entre dans la conscience sous la forme d'une délibération. *De plus, elle n'est la cause de rien.* Les actes et mouvements qui la suivent résultent directement des tendances, sentiments, images et idées qui ont abouti à se coordonner sous la forme d'un choix. C'est de ce groupe que vient toute l'efficacité. En d'autres termes, et pour ne laisser aucune équivoque, le travail psychophysiologique de la délibération aboutit, d'une part, à un état de conscience, la volition; d'autre part, à un ensemble de mouvements ou d'arrêts. Le « *Je veux* » *constate une situation, mais ne la constitue pas.*

« La volition n'est cause à aucun degré : c'est dans la tendance naturelle des sentiments et des images à se traduire en mouvements que le secret des actes produits doit être cherché.

« Si l'on s'obstine à faire de la volonté une faculté, une entité, tout devient obscurité, embarras, contradiction..... Nous n'avons ici qu'un cas extrêmement compliqué de la loi des réflexes dans lequel, entre la période dite d'excitation et la période motrice, apparaît un fait psychique capital — la volition — montrant que la première période finit et que la seconde commence.

« Qu'on remarque aussi comment cette maladie bizarre qu'on nomme l'aboulie, s'explique maintenant sans difficulté, et avec elle les formes analogues étudiées plus haut, et même cette simple faiblesse de la volonté à peine morbide, si fréquente pourtant chez les gens qui disent vouloir et qui n'agissent pas. C'est que l'organisme individuel, source d'où tout sort, avait deux effets à produire et n'en produit qu'un : l'état de conscience, le choix, l'affirmation ; mais les tendances motrices sont trop faibles pour se traduire en actes. Il y a coordination suffisante et impulsion insuffisante. Dans les actes irrésistibles, au contraire, c'est l'impulsion qui s'exagère et la coordination qui s'affaiblit ou disparaît. »

C'est exactement ce qui se passe dans l'état hypnotique : les fonctions coordinatrices conscientes étant suspendues par l'inhibition, il en résulte une exaltation dans le second terme de l'acte volontaire, qui se manifeste dès lors par une impulsion irrésistible, réflexe et automatique, à la moindre excitation (ordre, injonction).

Quant à la manifestation à une échéance déterminée, une fois le réveil survenu, des ordres donnés et des idées fixes, elle peut également s'expliquer par ce fait que, si la conscience revient avec l'état de veille, son action effective n'est pour ainsi dire plus rétroactive : ses droits sur la première phase du travail de la volition sont périmés, et seul persiste, avec une fatalité presque constante, le second terme qui aboutit à l'acte impulsif irrésistible. Tantôt, nous l'avons vu, cet acte sommeille à l'état latent jusqu'au moment de sa manifestation ; tantôt, au contraire, l'idée consciente persiste malgré les efforts du sujet pour l'expliquer et la raisonner : c'est que, dans ce second cas, comme nous venons de le dire, l'état de conscience qui fait constater cette idée est postérieur à l'époque où celle-ci a été greffée sur le cerveau, et ne saurait, dès lors, être d'aucun effet sur elle.

S'il est un principe dont il faille bien se pénétrer, car c'est lui seul qui va nous permettre de jeter quelque lumière sur les faits de suggestions provoquées tant dans l'état hypnotique que dans l'état de veille, c'est celui de l'analogie absolue, pour ne pas dire de l'identité, entre les phénomènes de l'organe cérébral et les propriétés fonctionnelles des autres organes de l'économie. Le célèbre Cabanis disait, dans un style qui, pour être métaphorique, n'en est pas moins exact : « Les impressions, en arrivant au cerveau, le font entrer en activité, comme les aliments en tombant dans l'estomac l'incitent à la sécrétion plus abondante du suc gastrique, et aux mouvements qui favorisent leur propre dissolution. Le cerveau digère en quelque sorte les impressions : il fait organiquement la sécrétion de la pensée. »

Ces impressions qui mettent en jeu l'irritabilité de la cellule cérébrale, afin d'amener une réaction appropriée, peuvent être constituées par des excitations de toute nature, par les idées les plus diverses exprimées à l'aide du langage naturel ou artificiel, à l'aide de paroles ou de gestes. En un mot, toutes les opérations du cerveau sont le résultat d'actions réflexes multiples et complexes, conscientes, subconscientes ou inconscientes.

Or, s'il est une propriété du cerveau bien évidente, c'est celle en vertu de laquelle tout individu possède une certaine tendance à se laisser influencer par une affirmation ou une injonction, celles-ci agissant comme de véritables causes incitantes : nous donnerons à cette propriété le nom de *crédibilité*. « Notre première impression, dit Bernheim [1], quand une assertion est formulée, c'est de croire; l'enfant croit ce qu'on lui dit. L'expérience de la vie, l'habitude de rectifier les erreurs journalières qu'on veut nous imposer, la seconde nature que l'éducation sociale nous inculque, affaiblit peu à peu cette crédulité native, naïveté du bas âge. Elle survit toujours, dans une certaine mesure... Dites à quelqu'un : Vous avez une guêpe sur le front, machi-

[1] *Loc. cit.*, p. 80.

nalement il y porte la main ; il est même des personnes qui croient en sentir la piqûre. »

Ce que l'on appelle le *caractère,* ce que l'on nomme faussement la personnalité volontaire de l'individu, tout cela n'est-il pas souvent le résultat de la modification apportée par la crédibilité à l'organisme cérébral, crédibilité influencée elle-même par des causes venant du plus bas âge? Ne serait-ce pas elle qui créerait cette loi de survivance en vertu de laquelle une coutume se perpétue par l'habitude, après avoir perdu toute signification et toute raison d'être? Tous nos principes de morale, de philosophie, tous nos préjugés qui ne résistent pas pour la plupart à l'examen de la raison (articles de foi, superstitions, etc.), nous ont été assimilés par ceux qui ont bercé notre enfance : ils font bientôt partie intégrante de notre individu : nous les transmettons nous-mêmes à nos descendants, soit par voie d'hérédité, soit par voie d'imitation et d'éducation ; et alors, de génération en génération, s'établit cette série de notions, tant individuelles que sociales, qui semblent inhérentes à la constitution de l'humanité, idées fausses bien souvent, mais que la raison mettra longtemps encore à détruire.

Cette fonction de crédibilité est incontestable : c'est elle qui nous fait croire à la tradition, à l'histoire, à tous les événements sociaux qui se sont passés, ou qui se passent encore de nos jours. « En un mot, dit Philipps, croire sans la crédivité serait aussi difficile que voir sans la vue, ce serait radicalement impossible. »

Très-peu développée chez les uns (les sceptiques ou

les incrédules, suivant l'expression consacrée), cette propriété cérébrale est au contraire tellement intense chez d'autres, qu'elle peut, dans ces cas, anéantir complétement la raison : elle devient alors la *foi,* si exploitée par les théologiens, et qui n'est autre chose, comme le dit excellemment Voltaire, qu' « une sorte d'incrédulité soumise, consistant à croire, non ce qui semble vrai, mais ce qui semble faux à notre entendement ».

La crédibilité est en lutte constante avec les fonctions régulatrices conscientes du cerveau (raison, jugement, raisonnement) qui, à chaque instant, doivent se tenir en éveil pour en refréner ou en tempérer les débordements, et qui souvent échouent : tellement sont nombreuses et puissantes les causes incitantes qui mettent en jeu cette crédibilité.

En premier lieu, nous l'avons dit, sont les causes purement individuelles tenant à une sorte d'idiosyncrasie. Certains cerveaux sont extrêmement suggestibles : ce sont ceux appelés les *esprits faibles,* très-dociles à subir l'influence d'une impulsion étrangère, état qui coïncide souvent avec un développement très-grand des fonctions imaginatives. Les femmes sont beaucoup plus suggestibles que les hommes. Les états morbides du cerveau, au début (aliénation mentale, paralysie générale progressive, hypocondrie), augmentent également la crédibilité cérébrale, probablement en portant atteinte au fonctionnement normal des propriétés coordinatrices [1].

---

[1] Rien n'est plus facile que de déterminer chez des aliénés au

Parmi les causes extrinsèques ayant une influence sur la crédibilité, les plus puissantes sont celles qui frappent plus ou moins l'imagination et l'émotivité, et qui sont empreintes d'un cachet de mysticisme ou de surnaturel : nous y reviendrons tout à l'heure.

En résumé, la crédibilité est une des modalités réflexes de l'activité cérébrale, à l'état normal. Il suffit qu'elle soit considérablement exaltée, et c'est ce qui se produit pendant l'hypnotisme par suite de l'influence dynamogénique secondaire, pour que l'on puisse expliquer de nombreux faits de suggestions : une simple affirmation, une injonction, formulée avec plus ou moins d'autorité, agit comme une cause incitante centrale, met en jeu la réflectivité cérébrale (crédibilité), et produit des manifestations réflexes, soit périphériques, soit centrales, en rapport avec l'idée qu'elle exprime. C'est ainsi qu'une idée se transformera en paralysie, en contracture, en hallucination d'un sens, en sommeil hypnotique, etc., etc., suivant la détermination formulée par elle.

La faculté de provoquer, dans beaucoup de cas, certaines suggestions pendant l'état de veille chez des sujets hypnotisables, s'explique par la modification imprimée à leur cerveau par des hypnotisations antérieures, et en vertu de laquelle l'exagération de la crédibilité persiste plus ou moins dans cet organe. Or,

début des suggestions de nature diverse, hallucinations, illusions, impulsions, idées fixes, et même des suggestions criminelles.

nous le répétons encore, chez tous les sujets qui nous ont servi dans ce genre d'expériences, les affirmations et les injonctions étaient formulées avec un caractère de simplicité absolue : jamais nous ne les avons enveloppées d'aucun cachet de surnaturel ni de mystérieux : jamais nous n'avons prononcé le mot de « fluide magnétique » que pour leur persuader qu'il n'existait pas et qu'on ne devait pas lui attribuer les phénomènes produits. Il nous semble donc évident que, dans ces circonstances, l'influence de l'imagination et de l'émotivité doit être mise hors de cause, et que la crédibilité explique seule les phénomènes obtenus.

Loin de nous, cependant, la pensée de dénier toute puissance à ces deux propriétés cérébrales. L'influence de l'imagination, aidée de l'émotivité (c'est-à-dire de cette propriété que possède le cerveau de se laisser impressionner par la série des perceptions sentimentales agréables ou désagréables), est trop bien démontrée dans la production de certains phénomènes cérébraux, pour qu'il soit utile d'y insister. Nous renvoyons, à ce sujet, à ce que nous avons dit au chapitre de la Thérapeutique hypnotique ; et s'il fallait un exemple des plus concluants, nous citerions l'histoire, déjà vieille et si connue, de ce condamné à mort que les médecins de Copenhague, en 1750, firent mourir par l'imagination. Après l'avoir conduit, les yeux bandés, dans l'endroit du supplice, on le piqua aux quatre membres, et l'on imita le bruit du sang tombant dans les bassins à l'aide de quatre robinets par lesquels s'écoulait de l'eau.

En présence de cette saignée imaginaire, le malheureux patient tomba bientôt dans un état syncopal, fut pris de palpitations, de convulsions, de sueurs froides, et mourut au bout de deux heures environ dans une syncope finale.

Or, l'influence de l'imagination sur la crédibilité n'est pas moins incontestable dans la production de certaines· suggestions à l'état de veille. C'est ce qui explique le grand nombre des hypnotisations à distance dans les séances de prétendu « magnétisme ». C'est aussi ce que démontrent péremptoirement les deux observations suivantes, empruntées à M. le docteur Brénaud (Société de biologie, mai 1884).

« 1º M. B..., vingt-trois ans, étudiant. — Ce jeune homme est hynoptisable et a été mis à différentes reprises en état de fascination. Catalepsie, léthargie, somnambulisme. Il reconnaît éprouver un certain sentiment de crainte toutes les fois qu'il me rencontre, n'être jamais complétement à son aise vis-à-vis de moi, et éviter ma rencontre autant que possible, craignant toujours d'être hypnotisé par accident.

« S'étant décidé à se prêter à une nouvelle série d'expériences, il est invité à fermer les yeux. Sur l'affirmation qu'il ne peut plus ouvrir les paupières, M. B... reste les paupières closes, faisant des efforts musculaires se traduisant en grimaces, les paupières restant fermées, quoique légèrement frémissantes. Vivement sollicité par les assistants de ne point prolonger une comédie ridicule, il redouble d'efforts grimaçants et ne peut parvenir à ouvrir les yeux. Sur la permission solennellement formulée par l'expérimentateur, il les rouvre immédiatement et proteste avec énergie de sa bonne foi.

« Il est invité à étendre le bras droit horizontalement. On feint de lancer du fluide sur le bras étendu, et on le met au défi de plier ce membre, qu'on lui dit paralysé. Il reste immobile et ne peut arriver malgré des efforts évidents à plier le bras. On reconnaît une contracture manifeste de tous les muscles brachiaux, les doigts sont convulsés, et le sujet déclare bientôt éprouver une douleur intolérable. On l'avertit que la liberté de ses mouvements lui sera rendue dès qu'un des assistants qu'on lui désigne feindra de se moucher. Cet assistant, le docteur Baude, retire son mouchoir de sa poche et le porte lentement à sa figure ; le sujet suit des yeux avec anxiété ; au moment précis où le docteur Baude se mouche, la contracture disparaît, le sujet plie le bras, et le frictionne vivement pour calmer la douleur.

« Pendant ces expériences, le sujet n'a cessé de causer, de manifester son étonnement, et sollicite des explications qu'on lui promet s'il se prête à une dernière expérience.

« On lui fait découvrir le bras gauche tout entier ; la sensibilité cutanée est reconnue normale. On fait le simulacre de lancer du fluide sur le bras mis à nu, et l'on affirme qu'il est devenu complétement insensible. Avec une forte épingle on pique et l'on transperce la peau sans que le sujet donne la moindre marque de sensibilité ; il regarde, stupéfait, les piqûres qu'on lui pratique en grande quantité, et émet l'avis que ce procédé est bien supérieur à la chloroformisation. On retire enfin les six épingles avec lesquelles on fait la transfixion complète d'un repli cutané ; les piqûres donnent fort peu de sang. **On** remarque que les téguments sont pâles, décolorés et légèrement refroidis. Le bras droit examiné au même moment offre la coloration et la température normales. Le sujet remue librement le bras anesthésié et reste insensible aux pincements énergiques que lui font divers assistants.

« Une passe, le long du bras, et l'affirmation de l'expérimentateur, rendent la sensibilité au membre, et le sujet quelques secondes après dit ressentir vivement la douleur des piqûres qui lui ont été faites.

« 2º M. Le G..., étudiant, a été hypnotisé à divers reprises et se trouve dans les mêmes conditions morales que le précédent sujet. Mis au défi par l'expérimentateur, après un simulacre de passes, de se lever de la chaise où il est assis, il se livre à des efforts désordonnés et violents. Après quelques tentatives sans résultat, il perd l'équilibre et tombe par terre en renversant sa chaise. Sur l'affirmation qu'il lui est impossible de se relever, il se débat, roule à plusieurs reprises sur lui-même et déclare bientôt qu'il en a assez, qu'il est temps que cette mystification cesse, et qu'il ne veut plus être tourné en ridicule.

« On remet à chacun de ces deux jeunes gens une boîte soigneusement enveloppée, et on leur déclare avec une grande apparence de conviction, comme pour prouver une action antimagnétique du contenu de ces boîtes, que, tant qu'ils auront ces objets sur eux, ils seront rebelles à toute influence magnétique, de quelque part qu'elle vienne.

« A partir de ce moment, toutes les tentatives de contracture, de paralysie et d'analgésie restent sans résultat. Les sujets en expérience sollicitent vivement les explications promises et l'ouverture des boîtes, s'imaginant trouver dans une action métalloscopique l'explication de ces curieux phénomènes. Les boîtes sont ouvertes, et au milieu de l'hilarité générale on constate qu'elles sont en carton et ne contiennent rien.

« L'expérimentateur explique que tous ces phénomènes de suggestion ne reposent que sur une exaltation particulière de l'imagination, avec déviation morbide de la volonté; que l'anesthésie est due à une paralysie spéciale naissant d'une modification des centres cérébraux, de nature émotive, et que la ferme conviction de l'impuissance personnelle de l'expérimentateur est pour le sujet un moyen infaillible de se soustraire à sa volonté.

« Immédiatement après, et depuis, à plusieurs reprises,

diverses tentatives de suggestion faites sur les mêmes sujets ont complétement échoué. »

Enfin, il suffit de se rappeler les cas de catalepsie spontanée que nous avons rapportés, due à diverses émotions morales, pour comprendre que l'émotivité et l'imagination peuvent, à elles seules, produire le sommeil hypnotique : le mécanisme est toujours le même, elles agissent comme des causes excitantes centrales déterminant sur place des effets réflexes autochthones.

APPENDICE

LES MAGNÉTISEURS DÉVOILÉS.

L'amour du surnaturel et du mystérieux est tellement inné dans l'esprit de tant de personnes, que les nécromanciennes, les tireuses de cartes, les somnambules extralucides, et tous ces autres artisans des soi-disant sciences occultes, dont le nombre est si considérable, auront pendant longtemps encore une solide et nombreuse clientèle. La nature humaine est ainsi faite, que tout ce qui semble extranormal ou se comprend avec difficulté, devient, par cela même, empreint d'une séduction et d'un charme particuliers.

Or s'il est une des formes du merveilleux qui ait été spécialement exploitée, et qui soit encore l'unique gagne-pain de tant de charlatans modernes, c'est assurément le « magnétisme animal ».

Nous pensons que le lecteur a dû saisir déjà, dans l'exposé des phénomènes de l'hypnotisme, l'explication de toutes ces jongleries magnétiques, sur lesquelles, on le comprend, nous n'aurons maintenant que bien peu à insister.

Le nombre des « magnétiseurs » ambulants est considérable. Les uns, comme le Belge Donato, l'Italien Alberti, promènent leur sujet avec eux sur les différentes planches où ils font leurs exhibitions ; les autres, comme le Danois Hansen, le Hongrois Welles, font leurs expériences sur des sujets de bonne volonté. Le programme suivant, cueilli parmi de nombreux échantillons du même ordre, donnera une idée de leur genre d'expériences.

THÉATRE DE.....

GRANDE SÉANCE DE MAGNÉTISME

Par le docteur CARL HANSEN

De Copenhague.

Voici quelques-unes des expériences scientifiques exécutées
par le docteur CARL HANSEN [1] :

1. Les yeux fermés.
2. La bouche béante.
3. Le silence imposé.
4. Le sommeil magnétique.
5. La catalepsie.
6. L'insensibilité.
7. L'homme en feu.
8. Les ivrognes.
9. La bataille de boules de neige.
10. La course forcée.
11. La prière.
12. La danse.
13. Le dentiste.
14. Le barbier.
15. La nourrice.
16. La perte de l'individualité.
17. L'artiste chanteur.
18. Attraction, fascination.
19. La planche humaine.
20. Les jambes rigides portant le docteur.
21. Le sauvetage.
22. Le boxeur vaincu.
23. Changement de climat.
24. Le candidat municipal.
25. L'homme aux deux figures.
26. L'homme changé en femme.

[1] Docteur ès sciences occultes, sans doute !

Suivent deux articles de journaux, dont les auteurs peuvent être mis au nombre des aveugles croyants de la foi magnétique :

« Nous avions confondu volontiers jusqu'ici les magnétiseurs avec les prestidigitateurs ; la ficelle nous paraissait jouer un rôle prépondérant et indispensable dans les expériences des uns comme des autres. Le docteur Carl Hansen s'est chargé de nous détromper. Il a fait plus ; nous sommes maintenant au nombre des croyants de la science occulte qu'il professe de si étonnante façon.

« La troisième séance de l'habile praticien n'a pas eu un succès moindre que les précédentes, et c'est au milieu de frénétiques applaudissements que s'est terminé chacun des exercices auxquels il s'est livré ou plutôt se sont livrés les douze ou quinze sujets soumis à la volonté de l'enchanteur.

« Qu'on se figure quatre de nos jeunes concitoyens, fascinés subitement par l'infernal docteur se mettant à genoux, joignant dévotement les mains dans une extase véritable, puis tout à coup se relevant et exécutant une brillante polka, toujours dans le sommeil magnétique ; ou bien encore un seul sujet, persuadé que son paletot est en feu, s'en dépouillant promptement, secouant les flammes imaginaires qui le brûlent, puis mis dans l'impossibilité de s'en revêtir en attendant qu'il le prenne pour son indispensable ; ou bien encore sept ou huit autres sujets non moins dociles, grelottant comme s'il gelait à pierre fendre et se livrant à l'exercice des boules de neige avec une conviction impayable. Voilà quelques échantillons des scènes qui se déroulent sous les yeux du public.

« Nous ne parlons ni du lavage à grande eau, ni de la barbification passive et active, ni même du chant du *God save the queen,* exécuté gravement par un artiste sans le savoir, ni encore de la cueillette des fruits par une troupe de gourmands auxquels leur mystificateur fait manger comme d'excellentes poires de vulgaires pommes de terre, ni de tout le reste, car nous n'en finirions pas. Mais nous ne pouvons nous empêcher de proclamer que le docteur Carl Hansen est un homme bien merveilleux, tout en exprimant l'étonnement que nous éprouvons en voyant un de nos semblables exercer sur la volonté d'autrui une puissance si absolue. »

E. C.

(Journal du Loiret, 13 mars.)

« Nous nous faisons un devoir de dire que jamais nous n'avons assisté à des expériences magnétiques aussi curieuses à tous les titres, que celles que fait tous les soirs en ce moment, dans la salle de l'Institut, à Orléans, M. Carl Hansen, de Copenhague.

« Il ne s'agit pas, comme on pourrait le penser, de somnambulisme ni de spiritisme; il n'y a pas de préparation dans une armoire ni derrière un rideau ou une table; tout se fait sous les yeux du public.

« Avant de commencer ses expériences, M. Hansen donne un aperçu historique et scientifique du magnétisme, puis il fait appel aux jeunes gens de bonne volonté consentant à lui prêter leur concours.

« Il en fait monter une vingtaine auprès de lui, sur la scène; il essaye sur tous quelques passes magnétiques, afin de connaître ceux qui pourront lui servir de sujets, et alors commencent des exercices prodigieux, dont le récit, pour les personnes qui n'ont pas vu, semble être du domaine de la fantaisie.

« M. Hansen fait venir trois jeunes gens sur le milieu de la scène, et cela simplement en les regardant et en les attirant de la main, sans les toucher.

« — Nous venons passer la soirée dans cette maison, leur dit-il; nous sommes les premiers; en attendant l'arrivée des invités, entrons dans le jardin. Voyez les belles fleurs, vous pouvez en cueillir. Et les jeunes gens se précipitent sur la scène, transformée pour eux en un superbe jardin, et aspirent bruyamment le parfum des fleurs que voit leur imagination!

« — Oh! les beaux fruits, les admirables poires! mangez-en. Et ils lancent leurs mains dans le vide pour en saisir quelques-uns.

« Le docteur place dans une main de chacun d'eux une pomme de terre crue qu'ils mangent avec une avidité gloutonne.

« Ramenés à leur état normal, ils jettent leur pomme de terre et crachent pour en faire disparaître le goût âcre.

« Il leur tend un verre. — Buvez, leur dit-il; qu'est-ce que c'est? — De l'eau. — Vous préférez du champagne, eh bien! en voici. Il donne le même verre qui est bu rapidement et dont le contenu est trouvé délicieux, et le sujet en demande un second verre.

« — Mais vous êtes gris...

« Et les trois jeunes gens titubent sur la scène et vont tomber par terre comme ivres-morts.

« Vingt autres expériences plus surprenantes les unes que les autres viennent égayer autant qu'intéresser les spectateurs.

« Ces exercices merveilleux sont obtenus sans l'aide d'aucun compère; nous connaissons les jeunes gens que nous avons vus dans les expériences que nous venons de décrire, nous les avons interrogés après la séance; les uns avaient perdu tout souvenir de ce qui s'était passé, les autres avaient obéi à une force invincible, etc. »

(*Démocrate du Loiret*, 15 mars.)

Qui ne reconnaît tout de suite dans les expériences précédentes les phénomènes de l'hypnotisme (sommeil, catalepsie, insensibilité, etc.), ainsi que les suggestions diverses en vertu desquelles les sujets obéissent comme des automates aux injonctions du « magnétiseur »? Outre les illusions, les hallucinations, les mouvements automatiques, les ordres de toute sorte, suggérés par celui-ci, on retrouve ces petites scènes somnambuliques analogues à celles que nous avons rapportées et que l'on peut varier de mille façons : l'expérimentateur les provoque, les dirige et les modifie à son gré, ou suivant l'aptitude individuelle propre de chaque sujet.

L' « attraction », la « fascination », mises sur le compte du « fluide », ne sont autre chose que le résultat de suggestions. Dans l'état de fascination de M. le docteur Brémaud, c'est une des particularités même de cet état, à savoir que les yeux du sujet ne peuvent se détacher de ceux de l'observateur, qui agissent ici de la même façon qu'agirait un objet brillant d'intensité lumineuse moyenne : c'est ainsi que le petit oiseau ne peut détacher ses regards de ceux de l'épervier, ou que les moucherons sont attirés, le soir, vers la lumière : nous ne pensons pas néanmoins que les « magnétiseurs » aient jamais produit cet état en question. — Dans la catalepsie, l'état de suggestion est si prononcé chez le sujet, que celui-ci, si on le regarde et si l'on se retire à reculons, se suggère souvent à lui-même, sans qu'il soit besoin de lui en donner l'ordre par la parole, qu'il doit s'attacher à ces yeux qui le fixent et les suivre dans leur évolution. — Dans le somnambulisme, il peut également en être ainsi d'emblée, mais, dans certains cas, il est nécessaire que l'observateur donne au sujet l'ordre de s'attacher à son regard et de ne plus le quitter ; or, cet ordre, par suite de l'hyperesthésie sensorielle somnambulique, qui permet au sujet d'entendre à des distances considérables, pourra être donné à voix tellement basse, que celui-ci seul l'entendra, et que les spectateurs seront dès lors illusionnés sur la réalité de l'action « fascinatrice du fluide magnétique ».

Nous avons vu qu'en catalepsie le corps du sujet, en vertu de propriétés inhérentes à cet état, pouvait être maintenu très-longtemps sur les dossiers de deux chaises, la tête sur l'un, les talons sur l'autre. (V. pl. III.) On peut mettre également le sujet dans cette même position, mais par un autre procédé, surtout employé par les « magnétiseurs » dans ces expériences qu'ils décorent du nom de « planche humaine » : il suffit pour cela de mettre en jeu la propriété d'hyperexcitabilité neuro-musculaire qui est un des caractères constants de l'état hypnotique. En malaxant les muscles des membres, on obtient, comme nous l'avons dit, une contracture de ces mêmes muscles ; en déterminant une brusque secousse, par un mouvement de ressaut pratiqué au niveau des aisselles, on provoque une contracture de tous les muscles des gouttières vertébrales, depuis la nuque jusqu'au sacrum, et le sujet devient ainsi comme une tige rigide sur laquelle on peut s'asseoir ou mettre des poids énormes. Pour réduire ces contractures, nous savons qu'il suffit de légers tapotements ou de légères frictions au niveau des muscles contracturés :

c'est alors que les fameuses « passes magnétiques »
entrent aussitôt en jeu.

En dehors de l'hyperexcitabilité neuro-musculaire,
on pourra également produire une rigidité de tout le
corps par simple suggestion hypnotique. Or, dans ce
cas, il n'est pas besoin que l'injonction soit faite par la
parole : le moindre geste suffit, à la condition toutefois qu'il soit compris par le sujet (et il le sera le plus
souvent, en vertu de cet état d'intuition et de suggestion si développé chez le somnambule). On comprend, dès lors, tout l'effet théâtral qui sera produit,
lorsque le « magnétiseur », d'un seul geste, d'un bout
de la salle à l'autre, provoquera une contracture d'une
partie ou de la totalité du corps de son sujet.

Lorsque ce dernier repose sur deux chaises, comme
une véritable planche, on peut, en élevant ou en
abaissant la main, déterminer à distance des mouvements semblables d'élévation ou d'abaissement, au
niveau de son corps. Il s'agit là également d'une suggestion par le geste, sans parler des ordres donnés à
voix basse aux sujets rebelles, et qui ne peuvent être
entendus par les spectateurs.

Cette propriété qu'ont les sens, dans l'état somnambulique, de se laisser impressionner à de grandes
distances, est souvent mise à profit par les « magnétiseurs » dans leurs expériences sur la prétendue
« transmission de la pensée ou de la volonté » qui, on
le comprend, ne saurait exister. Ils exploitent aussi,
dans ces soi-disant expériences, cette disposition

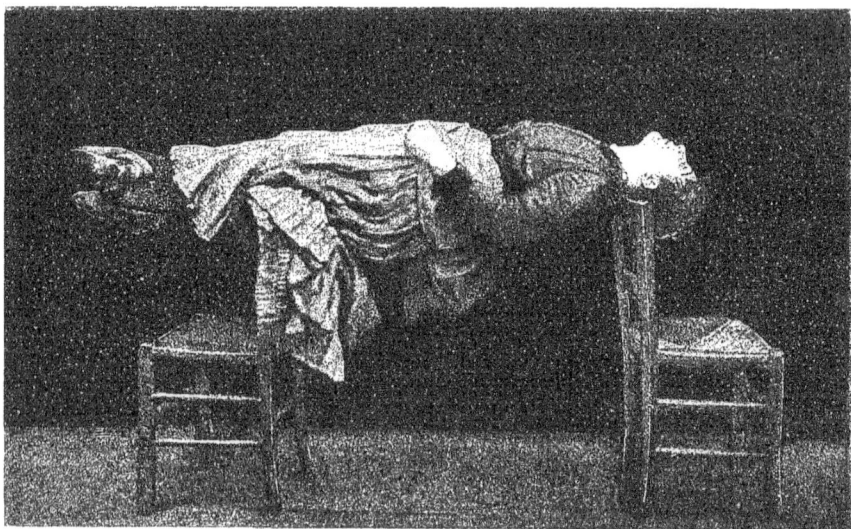

RIGIDITÉ CATALEPTIQUE

LE CORPS DU SUJET REPOSANT SUR LES ÉPAULES ET SUR

cérébrale spéciale en vertu de laquelle tout somnambule, en outre de son intuition très-développée à comprendre la valeur du moindre geste, présente de plus une tendance invétérée à répéter tout ce qu'il a fait dans des séances de somnambulisme précédentes, ou ce qu'il a vu faire lui-même à l'état de veille : en un mot, celui-ci jouit d'un esprit d'imitation et de répétition tellement subtil, et sans cesse exagéré par une éducation appropriée, que le moindre geste, soit vu, soit entendu, sera aussitôt compris par lui et deviendra le point de départ d'une suggestion appropriée. Il suffit, du reste, de se reporter à ce que nous avons dit de la suggestion dans la catalepsie (suggestion par le geste, automatisme du mouvement, d'imitation, de la mémoire), pour se convaincre de la facilité avec laquelle on peut également exploiter cet état, au profit de la prétendue « transmission de la volonté ».

L'expérience suivante va nous donner une idée du genre d'éducation auquel les « magnétiseurs » se livrent sur leur sujet, pour faire croire à la « suggestion mentale ». Nous donnons à une de nos somnambules, L. G..., un verre plein d'eau que nous lui ordonnons de boire. A peine y a-t-elle trempé ses lèvres que, sur un geste imperceptible que nous lui faisons, elle jette vivement à terre le verre et son contenu, en s'écriant : « Je ne veux pas m'empoisonner ! » Or, au moment où nous faisions le geste insignifiant qui avait motivé cette subite répulsion de sa part, nous avions soin de dire à l'entourage, assez bas pour que L. G... ne l'entendît pas : « Nous voulons qu'elle croie que cette eau soit empoisonnée. »

Voilà, il nous semble, une expérience bien capable d'en imposer aux personnes même les plus incrédules en matière de « suggestion mentale », et qui, cependant, s'expliquera très-simplement, lorsque nous aurons dit que, dans deux séances d'hypnotisation antérieures, nous avions suggéré à L. G... que, chaque fois qu'elle verrait le geste dont nous parlions, elle croirait que son eau serait empoisonnée.

Or, on peut répéter cette expérience sous une infinité de formes, et l'on comprend qu'une série de quelques scènes variées, apprises au sujet par un dressage plus ou moins prolongé, répondra amplement aux exigences d'une exhibition théâtrale. C'est ainsi que le « magnétiseur » annoncera au public qu'il va mentalement faire apparaître un lion sur la scène, et aussitôt, sur un simple geste, le sujet se sauvera épouvanté ; — ou bien encore, sur un autre geste approprié, mais insignifiant en apparence, celui-ci se mettra à chanter, à danser, etc., etc.

C'est également par des expériences analogues, préparées par une éducation antérieure pendant l'état hypnotique, que les « magnétiseurs » essayent de faire croire à la « double vue » ou à la « transposition des sens », toutes jongleries qui, pas plus que la « suggestion mentale », ne sauraient exister.

Enfin, ce que nous avons dit du sommeil par suggestion et par imitation (v. ces mots) nous donne la clef de ces prétendues magnétisations à distance, qui frappent encore l'imagination publique de tant d'étonnement.

Les faits de réviviscence de la mémoire, si fréquents pendant le somnambulisme, et sur lesquels nous avons longuement insisté, nous expliquent comment, dans quelques cas, certains sujets peuvent parler plus ou moins couramment en langues qu'ils ignorent à l'état de veille. Le « magnétiseur » Hansen raconta un jour au Dr Bénédickt, de Vienne, qu'il avait vu en Afrique un Anglais se mettre à chanter dans une langue inconnue à tous ceux qui l'entendirent ; l'Anglais, réveillé de son somnambulisme, déclara lui-même qu'il n'avait aucune idée de ce que cette langue pouvait être. Bénédickt affirma alors à Hansen que c'était le *gallois,* se basant sur ce que les habitants du pays de Galles, qui arrivent jeunes en Angleterre, oublient complétement leur langue maternelle, qu'ils reparlent alors plus tard dans le délire des fièvres typhoïdes ou dans les états extatiques.

Si, à cette réviviscence de la mémoire qui remet en souvenir une foule de détails oubliés à l'état de veille, on joint l'exaltation des fonctions intellectuelles pendant le somnambulisme, on ne s'étonnera plus de voir certains sujets, d'une instruction très-incomplète à l'état normal, tenir, pendant l'état hypnotique, des discours dont on les eût crus absolument incapables. C'est ainsi, du reste, que s'expliquent les faits qui semblaient si étonnants, de certains spirites [1] qui pratiquaient l'hypnotisme sans s'en douter.

Nous ne saurions terminer ce chapitre sans protester vigoureusement contre tous ces charlatans modernes qui font de l'hynotisme un véritable métier, et qui, en propageant dans leurs exhibitions théâtrales la croyance au prétendu « fluide magnétique », impressionnent beaucoup d'esprits d'une façon extrêmement dangereuse. On sait, en effet, combien sont malsaines pour le cerveau humain toutes les causes qui frappent immodérément l'imagination et l'émotivité, en premier lieu tout ce qui touche, ou plutôt semble toucher, au surnaturel et au merveilleux. Que de cas d'aliénation mentale ont été dus à la croyance aux « esprits », lors de l'envahissement des « tables tournantes » en France! Il en est de même du « magnétisme » : la seule croyance à ce « fluide mystérieux et surnaturel » peut provoquer, chez des sujets prédisposés, des troubles nerveux très-graves. Les exemples n'ont pas manqué, lors des représentations de Hansen à Breslau et de Donato à Neufchâtel, où une véritable « fièvre magnétique » s'empara des jeunes gens et surtout des enfants, et détermina chez quelques-uns des désordres cérébraux; nous connaissons également, pour notre part, quelques victimes de ces « magnétiseurs » ambulants, dont l'organisation cérébrale a été profondément déviée.

---

[1] V. L. Figuier, *Histoire du merveilleux*, t. IV.

Mais si, entre les mains des « magnétiseurs », l'hypnotisme peut devenir un danger, pratiqué avec méthode et prudence par des hommes de science, il
constitue, au contraire, un moyen d'étude puissant,
ouvert à la fois au physiologiste, au philosophe et au
médecin.

NOTES

NOTE A. — Nous citerons également, comme exemple curieux de dédoublement de la personnalité, le fait suivant emprunté à M. Bernheim, de Nancy. (V. le *Temps* du 11 septembre 1884.) Il y avait dans son service d'hôpital une femme hystérique, insensible d'une moitié du corps, et présentant des attaques convulsives. De plus, son caractère était fort capricieux. Un jour, elle se refusa tout à fait à manger son bouilli : c'était de la saleté, disait-elle, et elle le vomirait si elle le prenait. La sœur infirmière essaya en vain de lui faire entendre raison. M. Bernheim eut alors l'idée de la mettre en état de somnambulisme pour lui suggérer de l'appétit et la décider à manger son bouilli. Vains efforts! Elle résistait obstinément à la suggestion. « Je n'en mangerai point, répétait-elle obstinément ; je le vomirais, car je n'ai aucun appétit. » M. Bernheim essaya en vain d'user d'autorité, la personne restait réfractaire.

Ce médecin s'avisa alors du moyen suivant : la faire changer de personnalité. « Comment vous appelez-vous? lui dit-il. — Marie M..., répondit-elle. — Mais non, lui répliqua M. Bernheim, vous n'êtes pas

Marie M..., vous êtes Joséphine Durand, la tante de
Marie M... » Elle finit par en convenir. « Eh bien! lui
dit alors M. Bernheim, faites la leçon à votre nièce
qui est là. Montrez-lui comment il faut manger sa
viande, dites-lui qu'elle est très-bonne, etc. » Et
aussitôt, voyant par hallucination sa nièce (c'est-à-dire
elle-même), elle l'admoneste, la gronde, la sermonne,
l'encourage à manger sa viande, et, prêchant d'exemple,
la malade récalcitrante avale son bœuf, qu'elle trouve
excellent. A son réveil, elle ne voulut jamais croire
qu'elle l'avait mangé et ne l'en digéra pas moins
bien. M. Bernheim a répété l'expérience plusieurs fois
chez cette malade, et toujours avec le même succès.

Note B. — Tous les aliénés, cependant, ne sont
pas réfractaires aux tentatives d'hypnotisation. M. le
Dr Auguste Voisin, de la Salpêtrière, a pu (*Commun.
au Congrès pour l'avancement des sciences, de Blois,
septembre* 1884) faire cesser chez une de ses malades, à
l'aide du sommeil hypnotique, des hallucinations et un
délire furieux ; il procurait à cette aliénée un sommeil
plus ou moins prolongé, et lui suggérait l'idée de se
réveiller à une heure voulue.

Par la méthode suggestive, ce même médecin est
parvenu à modifier le caractère de quelques malades
atteintes d'aliénation mentale : quelques-unes, très-
grossières, sont devenues extrêmement polies ; d'autres,
paresseuses, se sont mises au travail avec ardeur : il
suffisait de leur suggérer, pendant le somnambulisme,

l'idée d'aller travailler à l'atelier de couture, une fois qu'elles seraient réveillées. Après un certain nombre de séances d'hypnotisation accompagnées de suggestions appropriées, l'habitude finit par triompher, et la tenue des malades est absolument transformée.

On peut donc espérer, dit M. Voisin, que la suggestion posthypnotique, en supprimant ou du moins en atténuant des mauvais instincts, arrivera dans certains cas à imprimer sur certaines natures perverses des habitudes de moralité, de discipline et de travail qui deviendront permanentes et constitueront ainsi une véritable régénération, une transformation morale.

Cette idée d'appliquer la suggestion hypnotique à la moralisation, à la modification des caractères, des instincts, des facultés intellectuelles, avait déjà été émise pour la première fois par le Dr Philipps (Durand de Cros), vers 1855. Le Dr Liébault, de Nancy, qui a également, pratiqué cette méthode, a pu parvenir en hypnotisant un enfant paresseux qui ne voulait pas travailler, à en faire, après suggestion, un enfant laborieux qui devint le premier de sa classe; cela dura quelque temps, puis l'enfant retomba dans sa paresse et ne voulut plus être hypnotisé. M. Liébault a provoqué, par voie suggestive, chez quelques personnes, une répugnance pour le tabac ou la boisson, et détruit ainsi des passions qui menaçaient de devenir nuisibles.

NOTE C. — D'après une récente communication faite au Congrès de Copenhague par le docteur Zambaco, de Constantinople (14 août 1884), on retrouverait en Orient divers états nerveux, hystériformes pour la plupart, représentant des modalités de l'exaltation religieuse, et offrant dans le mécanisme de leur production des analogies très-grandes avec les états hypnotiques. On verra également que la suggestion s'impose à l'état de veille chez tous les sujets en question. Nous laissons la parole au docteur Zambaco :

« Il y a dans l'*islamisme* plusieurs chemins ou *tariks* qui conduisent au paradis par des manières spéciales d'adorer Dieu et le Prophète. Des confréries nombreuses ayant à leur tête des chehs se livrent à des prières avec démonstrations variées selon la corporation. Ces chehs sont de saints hommes d'un caractère doux, aimables, intelligents. Des confrères vivent dans des cinobions, mais il y a aussi des adhérents mondains et des femmes. Les pratiques religieuses de ces confréries amènent des *exaltations nerveuses* et des *manifestations neuropathiques* qui ressemblent aux explosions hystériques du christianisme dans les siècles passés, et à celles que l'on rencontre encore de nos jours dans certains pays chrétiens.

« La secte des *Naxi-Bendi* est une des plus importantes et compte dans ses rangs des personnes de mœurs douces et humanitaires. Les sectaires, rassemblés dans la chapelle, s'accroupissent tous sur leurs genoux, ayant la face tournée vers le cheh qui les regarde et les observe durant toute la cérémonie, dont la durée est de deux heures environ : tous ont les *yeux constamment fermés,* excepté le cheh. Celui-ci ouvre la

séance par une prière, puis un silence y succède pour
la méditation ; une psalmodie entonnée par un vicaire,
avec une voix douce et plaintive, fait le tableau des
récompenses promises pour la vie future, et des puni-
tions infligées.

« Déjà, l'assemblée s'agite sourdement ; et bientôt il
y a une explosion d'accidents nerveux, de forme et
d'intensité diverses. Le cheh seul scrute et observe.
Des adeptes, les uns sont saisis de convulsions partielles
intermittentes ; les autres, d'accès épileptiformes. Un
sectaire se livre habituellement à un mouvement de *rotation de la tête* d'une rapidité vertigineuse (quatre cents
fois par minute) ; puis il est pris d'un rire nerveux très-
bruyant. Un autre tape avec ses deux mains sur ses
genoux plus de deux cents fois avec toute violence, en
criant chaque fois *Allah*. Un autre rit aux éclats avec
respirations tumultueuses. Son voisin verse des larmes
abondantes, se lamente et gémit. Plus loin, un homme
au turban vert exprime une béatitude, résultat certain
de quelque hallucination. Un autre se roidit en opistho-
tonos en poussant des cris épouvantables. Un autre se
jette à plat ventre et oscille de haut en bas ! — Un jeune
homme de vingt ans environ effectue, pendant une demi-
heure, des *sauts* de kanguroo. — Un cri strident, pareil
à celui du coq, part du fond de la salle. La voix ascen-
dante de celui qui récite amène un redoublement dans
les manifestations. C'est un concert discordant de néuro-
pathes hystériques de toutes les formes. Tous s'agitent
et vibrent à la fois, chacun à sa façon. — Une cloison

en planches à hauteur d'homme isole un coin de la chapelle destiné aux femmes; il s'y passe des scènes bien
plus extravagantes encore que celles offertes par les
masculins : contorsions du corps dans tous les sens,
contractions grimaçantes de la face exprimant l'horreur,
la frayeur, la menace, le pathétisme ; rires sardoniques
avec grincements des dents ; des pleurs, des sanglots,
de véritables accès hystériques de tous les stades, depuis
l'arc jusqu'à l'extase ; de la catalepsie, des mouvements
choréiques de la tête et des muscles du larynx avec cris
aigus ; des *attaques épileptoïdes,* des cris émanant de poi-
trines haletantes, accompagnés d'arrachement de cheveux et de déchirement d'habits ; en un mot, toutes les
manifestations protéiques de l'*hystérie* s'exhalaient en
toute liberté et composaient le tableau le plus curieux
qu'il soit donné de voir. Toutes ces hystériques finissent
par se calmer toutes seules, par l'extinction de leurs
forces.

« Il est à remarquer que tous ces sectaires n'emploient
pas de *haschisch.*

« Vers la fin de la cérémonie, le cheh va s'accroupir
successivement en face de quelques assistants. Il tient à
la main un chapelet ; et, récitant des prières à voix basse,
il *souffle* par intervalles, avec toute la force de ses pou-
mons, sur la région cardiaque de l'exorcisé. A chaque
souffle du cheh, qui retentit comme s'il sortait d'un
tuyau métallique, le catéchisé tressaille. Les personnes
que le cheh exorcise ainsi sont des neuropathes ou des
néophytes. Ainsi le cheh traite une foule de maladies,

surtout des neuropathies. Il se rend ainsi en ville auprès des malades qui ne peuvent se déplacer, mais il n'exclut pas la coopération des médecins. Il bénit aussi les effets et le linge des malades, qui recouvreront la santé en les portant ; une autre pratique des chehs consiste à écrire des prières sur des bouts de papier que l'on fait macérer dans l'eau bue par le malade. Les musulmans du peuple et plusieurs membres de la haute société ne manquent jamais d'y avoir recours pendant leurs maladies. Cette action de l'écriture sur le corps souffrant est généralement admise avec conviction profonde. Aussi peut-on s'expliquer aisément le fait que voici : Appelé, il y a quelques années, auprès d'un malade musulman, dans la carafe duquel nageaient des lambeaux de papier sur lesquels les chehs avaient tracé des prières, je prescris et je lui remets mon ordonnance en lui disant : Vous prendrez cela demain matin à la première heure. Au bout de trois jours, mon client, entièrement rétabli, m'exprime toute sa reconnaissance. Mais il s'empresse d'ajouter : Si une autre fois je tombe malade, veuillez écrire votre ordonnance sur du papier plus mince ; j'ai eu toutes les peines du monde pour l'avaler.

« Il règne en Orient un illogisme général de la part de toutes les religions. Ainsi, des musulmans fervents s'adressent parfois au clergé chrétien dont ils invoquent l'intercession pendant leurs maladies ; ils boivent avec piété des eaux miraculeuses des chrétiens et allument des cierges à leurs sources. Ils s'adressent même à l'*eau de Lourdes,* dont il y a une succursale à Constantinople depuis quelques années. Les révérends se plaisent à montrer sur la statue de l'Immaculée des diamants offerts par des musulmans aveugles qui ont vu, des sourds qui ont entendu et des condamnés à mort qui ont vécu! Réciproquement, les *chrétiens* du pays, bien pensants, des *Européens* même, s'adressent souvent aux chehs pour se faire lire et bénir, principalement lorsqu'ils sont atteints d'érysipèle.

« Bien d'autres sectes religieuses se livrent en Orient à des pratiques qui offrent, dans leur paroxysme, des manifestations fort intéressantes pour le médecin neuropathe ; je m'en occuperai plus tard. Je ne ferai que mentionner en passant la secte des *Rafaïs* qui tombent souvent en *convulsions* et *bavent,* après avoir *sauté, dansé, oscillé* dans tous les sens et *crié* sur tous les tons pendant des heures entières! Lorsque leur frénésie a atteint son apogée, ils sont tellement *analgésiques* qu'ils se *percent la peau,* les *membres* et même le *tronc* avec des *broches acérées,* sans ressentir aucune souffrance ; ils avalent des morceaux de verre, des scorpions vivants, des feuilles de cactus armées de leurs épines, etc. »

FIN.

TABLE DES MATIÈRES

Pages.

Avant-propos. I

Chap. premier. — Aperçu historique. 1

— II. — Considérations générales sur l'hypnotisme provoqué chez les sujets sains. 10

— III. — Léthargie. 18

— IV. — Catalepsie. 29

§ 1er. Catalepsie. 29

§ 2. Suggestions dans la catalepsie. . . . 39

— V. — Somnambulisme. 46

§ 1er. A. Somnambulisme yeux fermés. . 47

§ 1er. B. Somnambulisme yeux ouverts. 64

§ 2. Suggestions provoquées dans le
somnambulisme. 70

§ 3. Suggestions provoquées dans le
somnambulisme et persistant ou
se produisant à l'état de veille. . 81

— VI. — Sériation des différents états hypnotiques. 96

— VII. — L'hypnotisme chez les hystériques. . . . 102

— VIII. — État de fascination de M. le Dr Brémaud. 113

— IX. — Suggestions provoquées dans l'état de
veille. 119

Pages.

CHAP.   X. — L'hypnotisme au point de vue médico-
              légal 136

   —   XI. — L'hypnotisme appliqué à la médecine. . . 156

   —   XII. — Les états hypnotiques. 184

   —   XIII. — Interprétation physiologique de quelques
              phénomènes de l'hypnotisme 219

APPENDICE. — Les magnétiseurs dévoilés. 258

NOTES. 272

FIN DE LA TABLE DES MATIÈRES.

PARIS. TYPOGRAPHIE DE E. PLON, NOURRIT ET Cⁱᵉ, RUE GARANCIÈRE, 8

www.ingramcontent.com/pod-product-compliance
Lightning Source LLC
Chambersburg PA
CBHW070748270326
41927CB00010B/2101